爱悦　　爱相伴，悦成长

U0629270

自主学习力

让孩子爱学习、会学习

曹志涛　初其友◎编著

天津出版传媒集团

天津科学技术出版社

图书在版编目(CIP)数据

自主学习力：让孩子爱学习、会学习 / 曹志涛, 初
其友编著 . -- 天津 : 天津科学技术出版社, 2022.6
ISBN 978-7-5576-9968-0

Ⅰ . ①自… Ⅱ . ①曹… ②初… Ⅲ . ①学习兴趣－家
庭教育 Ⅳ . ①G782②G442

中国版本图书馆CIP数据核字(2022)第046416号

自主学习力：让孩子爱学习、会学习
ZIZHU XUEXILI : RANG HAIZI AI XUEXI、HUI XUEXI
责任编辑：刘　颖
出　　版：天津出版传媒集团
　　　　　天津科学技术出版社
地　　址：天津市西康路35号
邮　　编：300051
电　　话：(022)23332372　(022)23332392
网　　址：www.tjkjcbs.com.cn
发　　行：新华书店经销
印　　刷：天津市宏博盛达印刷有限公司

开本 880×1230　1/32　印张6.75　字数100 000
2022年6月第1版1次印刷
定价:49.00元

前言

　　2021年,中共中央出台了"双减"政策,具体指要减轻义务教育阶段学生过重作业负担和校外培训负担。"双减"政策一出,一部分家长觉得压力减轻了。但对于大多数家长来说,"双减"就好像是晴天霹雳,来的毫无预兆,根本没有给予准备的时间,许多家长对此感到非常焦虑。不允许校外补课,不让孩子在校外学习,孩子的学习成绩该如何提升? 难道接下来就放任不管了吗? 这其实是对"双减"政策的错误理解。过去的学习方式和学习环境给父母和孩子增加了许多心理负担和焦虑情绪,每天超时超限的学习只会导致孩子对学习更加厌烦。超前模式无非是拔苗助长,疯狂"内卷"下长大的孩子,哪怕最后在学业上取得了比较优异的成绩,也很难成为一个有创造力、能持续学习的孩子。为什么我国的中学生能在世界奥赛等一些大型赛事上取得冠军,却很少有人能获得诺贝尔奖?答案很简单。因为这些孩子缺乏对学习的持续性。很多人在完成大学学业后就不再继续学习了。

"双减"政策的出台不仅提高了对父母育儿能力的要求,还更加重视孩子自主学习能力的培养,重视孩子健全人格的发展,重视孩子的心理健康。"双减"政策的提出,旨在先缓解父母和孩子的焦虑与压力,然后培养孩子有兴趣、有动力、有长远目标的自主学习力。

所谓自主学习力,就是孩子能通过独立的分析、探索、实践、质疑、创造等方法来实现学习目标,孩子在学习上做到主动参与、乐于探究、勤于动手。现在,我们可以想象一个三层的金字塔,最上面一层代表了动力,中间一层代表了能力,最下面一层则是行为表现。对于家长来说,最直观的就是行为表现,比如孩子有没有认真学习、孩子能不能独立完成作业等。而行为表现背后的能力和动力问题很容易被家长忽视，因此，家长需要有意识地去发现孩子的行为表现背后到底代表了什么，找到孩子厌学的深层原因。能力指怎样去学习，不仅仅包括孩子解题的能力，更重要的是孩子在学习中设定目标的能力、时间管理的能力、计划的执行能力……这些能力将使孩子终身受益。动力指为什么要去学习，只有动力提升了，才能更好地培养出学习能力，使孩子获得良好的学业表现。

综上，本书分为上下两个篇章，从激发学习动力和培养学习能力两个方面入手，结合心理学、教育学知识和大量真实的学业咨询案例，具体讲述了家长应该如何帮助孩子提高自主学习力。在激发学习动力篇章，我从心理发展需求动力、大脑认知发展需求动力、生涯发展动力以及学习的效能感和意义展开，给家长提供了既实用又高效的激发孩子动力的方法。在培养学习能力篇章，我从目标的设定和计划的制订开始，到行动的执行，以及行动过程中的自我调节，再到行动完成后的反馈这一条完整的学业路线入手，介绍了多种便于实施的方法，旨在培养出孩子真正的学习能力。

我相信,本书内容能减轻各位家长的焦虑情绪,使家长
获得科学指导孩子学习的有效方法,最终令孩子乐于学习、
善于学习。

曹志涛

2022年3月

contents

目录

上篇　激发学习动力

下篇　培养学习能力

上篇

激发学习动力

> 学习动力是促进自主学习的重要前提,学习目标来自学习动力,学习动力激发学习热情。

第1章

满足心理发展需求，学习才能压力变动力

> 满足孩子的心理发展需求，就是给予孩子成长动力；反之，就会削弱孩子的内在动机。

我们做任何事都需要动力，动力往往和压力分不开。一件事情如果带来的压力很低，说明这件事情没有多少价值，做起来会感到无聊；一件事情带来的压力适中，那么压力就会转为动力；但是当一件事情带来的压力水平非常高的时候，压力就容易击垮一个人的心理防线。很多孩子厌学、甚至辍学，正是因为压力水平太高，压力无法转化成动力，挫伤了孩子的健康心理，使孩子的心理需求得不到满足，孩子在这种高压情境下，只想逃避或放弃。当一个人的心理资源或

力量不足以应对当下的危机情境和压力源的时候，就会暂时出现心理失调现象，也可以称之为心理危机。如果心理危机能得到重视，解决起来便很容易。如果心理危机没有得到重视，往往会造成两种后果。以孩子被老师批评为例，一个孩子被批评之后难过了好几天，以至于不想去上学，父母知晓后不以为意，认为被老师批评是小事，反而把孩子骂了一顿。这件事造成的第一种后果可能是孩子以后再也不想听这个老师的课了。第二种后果可能是负面情绪长期积累，孩子抑郁了。也就是说，当一个人的心理发展需求得不到满足，遇到了无法解决的危机情境和压力源时，就出现了心理危机。

著名心理学家德西和瑞安通过研究发现，每个人都有三种最基本的心理需求：自主、联结和胜任。满足这些需求，特别是自主的需求，就会持续激发人们的内在动机，让人们全心全意地投入某件事情，同时拥有最好的体验和表现。

满足自主需求，让孩子主动爱上学习

自主需求是指有自主选择的权利，能做自己想做的事情。人们需要感受到他们的行为是他们自己选择的，而不是由某些外部来源强加的。任何有损人们自主的事件，也就是让他们感到被别人控制的事件,都会削弱他们的内在动机,并且很可能产生其他负面后果。

大家可以先思考一个问题:在日常生活中,什么样的教养方式或交流方式会令孩子感受到被控制?

我曾在网上看过一个视频,一位妈妈轻轻推开一扇门,漏出一条门缝,妈妈透过门缝看到孩子弹钢琴时专注的样子,感到很欣慰。可是这位妈妈不知道的是,当孩子觉察到有人到来时,双手一放,垂下了头。妈妈想看孩子有没有认真做事的举动就是对孩子专注力最大的打扰,并且让孩子感受到自己的行为是在他人的监控之下的。由此可见,监督会让孩子感到被控制。

命令是一种非常常见的控制孩子的方式。当你对别人发出命令时,难道不是在要求别人必须做或者一定不能做某事吗?我知道很多家长都认为对孩子提出要求是一件很正常的事情,但是,随着年龄的增长,孩子的自我意识也在逐步增强,尤其进入青春期之后,孩子渴望独立和自主的意愿非常强烈,他们极度反感家长用命令的语气跟他们说话,这时孩子抵触的往往不是事情本身,而是他们在这段关系中成为了被命令和被控制的人。

　　威胁也会让孩子感到被控制。例如,有一个小孩不想写作业,闹着要看电视,妈妈很生气地说:"你再不听话,我就不要你了。"孩子一听,立马抱着妈妈说:"我听话,我写作业,你别不要我。"妈妈觉得这句话非常有效,于是常常对孩子说。这位妈妈管教孩子的方式就是利用孩子最在意或最恐惧的事情去威胁孩子变得乖巧、听话。虽然一时的成效是显著的,但从长远来看,用威胁来控制孩子容易致使孩子缺乏安全感、激起孩子的逆反心理或削弱孩子的自主性。

　　竞争同样是一种对孩子的控制。心理学家做过一项研究,他们把参与者分为两组,一组为竞争组,一组为无竞争组。竞争组的成员需要在有竞争的情况下完成任务,而无竞争组只需要努力去完成任务。结果发现,竞争组成员对结果特别看重,结果好了很开心,结果不好便很颓废;无竞争组成员更看重过程,体验努力带来的快乐。我们可以借此回想一下自己对孩子的教育方式,当我们不断拿孩子跟别人相比较、不断关注孩子在班级的排名时,孩子一定感受到了巨大的压力,孩子在学习上是被动的,学习动机也因此被削弱了。这也是国家取消考试排名的一个原因,以此来减少孩子的日常竞争。一个人的日常生活如果充满了竞争,他做事的动机就会越来越弱,因为他害怕失败。相反的,一个人如果享受的是做事的过程,那么他就不会特别在意某一次的结果,他关注的是自己在这个过程中是否进步了。

除了监督、命令、威胁、竞争之外,还有一个大家意想不到的答案——奖励,奖励有时也会使孩子产生被控制的感觉。

我的一位学员跟他的儿子做了一个约定,当孩子的成绩达到一定名次时,就给孩子买一辆山地自行车,但孩子要想达到这个成绩,大概需要付出三个月的努力。过了一段时间,这位学员跟我反映约定无用,孩子一开始确实充满了干劲,但最近却不努力了,并说自己不要山地自行车了。据了解,原来孩子认为达到目标成绩的过程比较艰难,还不如用过年时大人给的压岁钱买山地自行车。在这个案例中,奖励在一开始是起作用的,能激励孩子学习,但在后期却失效了,这说明奖励带给孩子的学习动力是虚假的动力,孩子在学习过程中没有获得愉悦的体验和积极的情绪,所以他想到了用努力学习之外的方法获得同样的奖励。

奖励有时就是一种变相的控制,会削弱做事的内在动机;这种削弱本质上取决于个体对奖励的解读,即是否感受到对方的控制意图。很多父母说自己做的很多事都是为了孩子好,但孩子却不领情。这是因为孩子感受到了父母"另有所图",父母给予的奖励和父母答应的事情只是为了让他好好学习。而人们在给予奖励时的真实意图,很可能通过他们给予奖励的方式和措辞来传递。

心理学家理查德·瑞安做了一项研究,在研究中以两种不同的方式来给予奖励。一种是控制的方式,使用"应该"和"必须"这样的措辞来表达;另一种是非控制的方式。结果表明,给予奖励的方式很重要。当人们以控制的方式给予奖励时,它们对内在动机产生了本质上的负面影响,使得接受者感到压力很大,兴趣很小。但是,当人们以非控制的方式给予奖励,并且仅仅是作为对其出色工作的鼓励而给予对方奖励时,奖励并没有产生有害的影响。

奖励并不是绝对地会削弱一个人做事的内在动机,关键看你怎样去运用奖励。首先,通过外部奖励提升动机。例如,当孩子达成一个小目标后,可以给孩子提供一个家长能接受、孩子喜欢的物质上的奖励。其次,及时反馈进步、能力及做事过程中的努力和态度。当承诺给予孩子物质上的奖励后,孩子在一开始一定会充满动力,表现为学业上的努力和刻苦。父母一定要把握住这段时间,真正激发孩子的内在动机。当孩子在某一方面提升了,哪怕进步很小,父母也要及时发现并给予肯定,重视和认可孩子的努力和付出,让孩子知道他在哪些方面表现得比较优秀,哪些能力比较突出。在这个过程中,孩子因奖励产生的外在动机也正在逐渐转化为内在动机。最后,讨论任务本身的意义。例如,跟孩子聊一聊努力之后对学习是否有不一样的感受,帮助孩子找到活动或任务本身的乐趣和意义,进一步激发孩子的内在动机。

那么,如何培养孩子的自主性呢?主要有以下五种方法。

方法一:从孩子的角度出发。

作为父母,支持自主意味着要与孩子建立良好的关系,这会让孩子的好奇心更强,更加注重熟练掌握知识,而且表现出更强的自尊心。对这句话的一个简单的解释就是:亲子关系良好的父母更能站在孩子的角度看待事情,这个行为同样也向孩子展示了父母的好奇心和同理心。如果父母对孩子成长过程中的各种行为感到好奇,那么受父母的影响,孩子也会对这个世界充满强烈的好奇心;而父母的同理心能让孩子感受到自己是被理解的。在这样的父母的养育下长大的孩子具有充足的安全感,他们相信他人和外界是安全的,他们更愿意去探求知识、探索世界。

怎样才算从孩子的角度出发?

以孩子写作业磨蹭这件事为例,如果从父母的角度来看待磨蹭的孩子,父母可能会对孩子说:"今天怎么这么磨蹭,快点写,几点了还没写完作业!"如果父母能站在孩子的角度看待这件事,父母可能会说:"妈妈今天看到你写作业的时间比较长,是今天作业比较多吗?还是遇到了什么困难?能跟妈妈说一说吗?"我们可以看到,以上两种角度中父母的态度是截然不同的。毫无疑问的是,当从孩子的角度看待问题时,孩子一定能感受到自己是被理解的、被支持的。

怎样才能做到从孩子的角度出发?

首先,多与孩子互动,在互动中增强对孩子的了解和理解。

互动是指人与人之间的心理交互作用或行为的相互影

响,是人与人之间的交流与沟通。孩子在一旁玩手机,家长跟孩子说:"你都玩了两个小时的手机了,有什么好玩的,快去写作业。"这不叫互动,这是在控制孩子。那么,什么才是互动? 依旧以孩子玩手机为例。家长问孩子:"你在玩什么游戏? 这个游戏应该怎么玩? 游戏中的什么地方吸引了你? 你对游戏中的什么内容感兴趣?"当孩子听到家长这样询问时,孩子也更愿意回应家长。这种方式才是有效的互动,互动的内容是孩子感兴趣的,孩子愿意主动跟家长交流,家长也能在互动中增加对孩子的了解。

其次,多问孩子为什么想做这件事。

心理咨询师在做咨询时,往往会让来访者感受到咨询师对他是充满好奇的。咨询师需要知道为什么会发生这件事情,事情是在什么情况下发生的,来访者的感受是什么,咨询师以好奇之心与来访者共同探索心灵世界。父母对待孩子也是一样的。在生活中,一定要多问问孩子为什么想做这件事,哪怕孩子的行为是匪夷所思、不可理解的,哪怕你觉得孩子的做法是错误的。

我曾经做过一个案例,一个正在上初中的女孩经常旷课、抽烟。我很好奇女孩抽烟的原因。女孩回答自己想抽。

我又问:"你从什么时候开始抽烟的?"女孩说:"六年级。"
"当时为什么开始抽烟?"女孩回答:"失恋了,电视上都是这
样演的。"我又继续追问:"为什么现在如此频繁地抽烟呢?"
女孩说:"一开始是不高兴了就去抽烟,后来发现学校有一
个抽烟的小团体,抽烟就是我们交流的方式。"继续沟通后,
我发现女孩不仅抽烟频繁,恋爱也很频繁。后来在跟她妈
妈的交谈中,我了解到爸爸跟女孩的关系非常糟糕,糟糕到
爸爸都不想看见女儿。爸爸跟女儿的关系越糟糕,女儿就
越容易早恋。当知道了这些事后,我们或许就能对女孩的
行为多一份理解。很多事情的背后一定是有原因的,作为父
母,我们先不要去评判事情的对与错,要多去问问孩子为什
么想这样做。

最后,多认可孩子不一样视角下的积极结果。

当孩子做了一件事情,就算孩子完成得不是很优秀,父
母也要从中看到积极的一面。例如,当表扬孩子时,我们并
不只是表扬结果,更重要的是表扬孩子在完成某件事情过程
中所持有的态度、所付出的努力和所取得的进步。

总之,从孩子的角度出发,我希望大家可以做到多去同
理孩子,多站在孩子的角度看待孩子的行为,多听听孩子内

心的想法,只有这样,我们才能知道怎样更好地支持孩子。当孩子真正感受到自己是被支持的,他的自主需求就得到了满足,他才能有更多的心理资源和力量去自己做决定、去投入地做事情。

方法二:让孩子决定做什么和如何做。

支持自主的核心特征之一就是提供选择,这意味着分享个体所处的优势地位的权威或权力。父母在孩子面前是处于优势地位的,是权威的,具有支配孩子的权力。支持自主需要父母分享这些优势,给予孩子选择和做决定的权力。

在今年的《少年志》课程上,我曾跟一个正在上初三的孩子交流学习心得。我问他:"你觉得妈妈学习之后发生了什么变化吗?"孩子说:"妈妈开始尊重我的选择了。"我说:"具体怎么表现的?"孩子回答:"妈妈在跟我交流时不再像以前一样告诉我应该怎样做,而是会给我两至三个选择,让我自己决定。"我问:"妈妈这样做,你有什么感受呢?"孩子说:"我感到被尊重,在做自己选择的事情时,我会更加愉悦和投入。"

2017年,一位山西潞城的妈妈跑到石家庄来听我讲课。这位妈妈说自己的孩子在升入初中之后仿佛变了一个人,学习成绩一落千丈,自己也管不了孩子。经过深入交流我得知,在孩子上小学时,妈妈对孩子的照顾无微不至,日常要上的课外班和每天的学习计划都是由妈妈一手安排的。孩子升入初中之后,妈妈依旧如此,甚至为了方便照顾孩子,在孩子的学校附近租了房子但孩子不想再听从妈妈的安排了。初中生已经进入了青春期,他们迫切地想要独立,但是却没有独立的能力,想自己做决定却做不出正确的决定,孩子想必也是痛苦的。

因此,给予孩子选择权,让孩子自己决定要做什么以及如何做是非常重要的,父母一定要把培养孩子做决定这件事放到自己的育儿计划中。

如何培养孩子做决定的能力?

第一点,明确需求。

个人一定要先明确自己的需求,根据需求设定长远目标,当我们的决定是为长远的目标和需求服务的时候,这个决定才会更合理、更恰当。举个例子,假如你现在拥有200元现金,要求你必须把这200元作为一次晚餐费用消费完,你会怎么支配? 当这200元作为5天的餐食费用时,你又会怎么支配呢? 我曾在课堂上就此问题与家长进行了互动。当200

元作为一餐的费用时,家长们的回答大多是大吃一顿,比如火锅、自助餐、西餐等。而当这200元作为5天的餐食费用时,家长们就会慎重考虑,比如要买足够的主食、蔬菜,还需要买一些水果。通过这个例子,我们很容易发现,我们在为长远而打算的时候,做出的决定更合理、更慎重。

第二点,使目标个人化。

以写作业为例,写作业这件事本身是由学校布置的,是孩子必须要完成的任务。但是父母可以询问孩子打算在什么时间写作业,先写哪项作业,之后写哪项作业。也就是说,让孩子自己选择写作业的方式,自己制订写作业的计划。有些目标本身不是由自己决定的,但是这些目标的实现方式可以由自己决定。在孩子完成作业之后的剩余时间,就要把制定目标的权力交给孩子。

第三点,评估风险,并能承担责任。

当孩子做出了一些我们不认同的选择时,我们可以告诉孩子不同的选择会导致的不同结果,只要孩子能承担自己所做选择的结果,那我们就支持孩子。例如,孩子放学回家后选择先玩一会儿,但孩子依旧要在睡觉之前写完作业。如果孩子没有写完作业,就得承担晚睡或完不成作业带来的后果。孩子的成长本来就是一个不断试错的过程。父母不要过于担忧孩子会做出一个不正确的决定,父母真正需要做的是在孩子做决定的过程中陪伴孩子成长。

第四点,总结成长。

不管孩子做得好与不好,父母都要进行总结。孩子做得好,就要总结成功的原因。做得不好,就要吸取失败的经验。

方法三:设定支持自主的界限。

支持自主并不意味着纵容和不负责任,更不意味着允许孩子从事危险或有害的行为。给孩子设定界限的一个主要目的是告诉他们,生活中充满了选择,每个选择都有它的后果。那么,如何给孩子设定支持自主的界限呢?

首先,选择正确表达界限的方式。

正如前文中提到的给予奖励的方式一样,表达界限也要避免控制的方式,少说"必须"和"应该"。

其次,告知设定界限的原因和重要性。

我们不能只跟孩子说他可以做什么以及他不可以做什

么,我们必须告诉他为什么能这样做以及为什么不能这样做。例如,很多家长都害怕孩子早恋。那么我们可以表达对孩子早恋的担忧以及为什么会产生这些担忧,告诉孩子希望他能跟异性保持什么样的距离以及原因。当受到界限约束的人理解设立界限的原因时,他更有可能接受界限,不至于感到被界限困扰。

再次,界限尽可能宽松。

父母制定的规则越多,孩子越能感受到被控制。举个例子,在孩子刚学会走路的时候,妈妈每天担惊受怕,担心孩子会摔倒、会磕碰到。但是我们需要明白的是,摔倒、磕碰都是孩子学走路过程中非常正常的事情,如果我们为此担忧,为了保护孩子而设定太多规则和界限,那么孩子还能学会走路和跑步吗? 只要周围没有危险性的东西,我们就应该放手让孩子去走、去跑。因此,让界限尽可能宽松一点,而且允许孩子在其中做出选择,这将使得孩子不会感到太受局限。

最后,设立违反界限的后果。

孩子可以自行做出选择,每个选择都有后果,前提是这个后果孩子能不能承担。承担后果可以培养一个人的责任心，并使个人获得成长。

方法四：确立目标和评估标准。

著名心理学家爱德华·托尔曼和库尔特·勒温认为，人类行为是具有目的性的，有动机的行为是指向结果的。当人们预期自己能实现目标时，他们就会表现出行为。为了达到满意的结果，目标需要个性化。当目标太容易实现时，孩子可能感到无聊和没有动力；当目标太难实现时，孩子可能倍感焦虑，做事时效率低下。这个观点与米哈里教授提出的福流

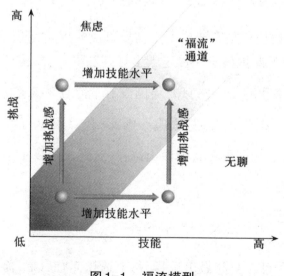

图1-1　福流模型

模型(图1-1)不谋而合。由福流模型可得知,当个体技能水平远远高于挑战难度时,个体很容易产生厌倦的情绪,表现为不想进行挑战;当个体技能水平远远低于挑战难度时,个体就容易产生焦虑的情绪,也容易放弃挑战;而当技能水平和挑战难度相匹配,即挑战难度略高于技能水平时,个体就很容易投入挑战中。

在评估过程中,当结果达不到标准时,重要的是不要把评估的结果当成批评的依据,而是将它看作需要解决的问题。不要急于下结论说结果不达标准的原因是孩子的某些行为。也许是这些标准不合适,也许孩子遇到了突发的障碍,即使结果不达标在很大程度上是由孩子的某些行为造成的,我们也应该把它当作一个需要解决的问题,然后思考下次该如何改进。

方法五:助力孩子探索自己的动机。

研究表明,只有当人们完全支持改变时,他们才会自主地行事,才会有更高的概率成功戒掉坏习惯。如果孩子没有改变的意愿,不愿意去寻求帮助,也不想做出尝试,此时给孩子设定目标是非常困难的,所以一定要让孩子自己愿意去做出改变。我们要助力孩子探索学习动机,也就是让孩子明白学习的意义，使孩子发自内心地想要通过学习变得更好。

通过对本节内容的学习，我想大家对自主需求具有了一定的了解。首先，自主就是让孩子感受到自己能决定自己的选择。一个依赖型的孩子一定是经常被做决定、被代替、被包办的。依赖型的孩子很难去承担责任，做事时积极情绪水平低，遇到问题容易放弃，因为他们不知道该如何做决定。其次，自主不是没有界限的自由，而是意味着完全接受并遵守自己的界限。自主并不代表不设置界限，而是设置较为宽松的界限，且界限的表达方式不是控制型的，要告诉孩子设置界限的原因和重要性。最后，自主存在于约束中，但不是外界强加的约束，而是真正的约束。真正的约束有两层含义：约束是孩子能接受的、愿意遵守的；约束是价值观带来的界限。

亲子、师生、同伴相联结，增强学习动力

联结，是爱与被爱，是人与人之间的情感交流，是愿意支持别人，也能感受到被支持。我认为最让人害怕的痛苦是孤独，一个人失去了联结就会感到孤独，孤独的痛苦让人无助，想放弃，更想沉沦。当一个人在伤心、挫败时，如果有一个安全的地方供他停留，有一个安全的人给他肩膀和安慰，那么

这将是复原他韧性的心理动力。试想一下,如果孩子已经休学或辍学了,他没有朋友,和父母的关系也不好,他的压力无处发泄,他的苦闷无处诉说,他能很快回到学校吗?答案一定是否定的,因为在学校中他的联结需求得不到满足,他没有足够的心理动力去学习。当一个人在开心、获得成就时,有人可以分享,有人一起开心,有人给他鼓掌、给他鼓励,就会增强他更加努力的心理动力。

我们可以回顾一下,当孩子想跟我们分享他的成就时,我们有没有及时回应呢?我们会因为这项成就与学习没有关系而批评他吗?

记得在上高中时,我代表学校去电视台表演才艺,最后获得了奖状和奖品。我非常高兴地带着奖状和奖品回家,但迎接我的并不是家人的表扬和肯定,而是批评:"这跟学习有关吗?你不好好学习,得这些奖状有什么用!"听到这些,我的心情从天上跌落到了谷底。我认为,每一份开心和成就都可以与人分享,这是人与人之间的联结的一部分。如果我回家之后,我的家人能说一句"很久没见你拿奖状回家了,今天看到你的奖状很为你开心,希望你在其他方面也可以很优秀",我想我会更愿意去学习。这就是联结带给人的内在动机。如果没有了联结,我觉得生活便没有了意义,就如同行尸走肉,生命就此了无生机。因此,联结对一个人来说具有非常重要的意义。

孩子在学习中的重要联结对象主要有父母、老师和同伴。接下来,我将具体讲述如何构建亲子之间、师生之间和同伴之间的联结。

构建亲子之间的联结

亲子关系是对孩子进行引导和教育的基础。那些与父母有着积极关系的儿童和青少年,具有更强的心理韧性及更高水平的幸福感。积极的亲子关系通常被描述为"温暖的、有情感支持的,同时又有权威性的"。

怎样构建一个积极的亲子关系呢?

第一步,了解孩子,理解孩子。

先请各位家长问问自己:我真的了解孩子吗?我真的知道孩子为什么生气吗?孩子在意的到底是什么……很多时候,我们不知道孩子为什么闹情绪,我们也不知道孩子为什么不想上学。我们只有真正地了解孩子,才能更好地理解孩子。我们了解了孩子在不同阶段的生理和心理特点,才能更好地理解孩子的行为表现和情绪波动。我们了解了孩子的兴趣、性格、多元智能优势及价值观,才能更好地帮助孩子找到一条更适合他的生涯路径。如若这些方面均不了解,家长则无法站在孩子的角度或根据孩子自身特点去给予建议和正向引导。

第二步,尊重孩子。

首先,家长要做到耐心地、尊重地倾听孩子的观点。

怎样的倾听才算尊重呢? 大家可以想一想,你跟别人说重要的事情时,别人一直低着头玩手机,跟你没有眼神的交流,你会不会有点儿生气,感觉有点儿被忽视呢? 所以,我们在跟孩子沟通交流时,请放下手机,眼睛看着孩子,目光跟孩子保持在同一个水平线上,身体向前倾一点儿,以感兴趣的姿态去倾听孩子的想法。即便我们不太能接纳或认同孩子的想法,也不要贸然打断。尊重不仅仅体现在交流上,也体现在生活中的方方面面。例如,我们在进孩子房间之前可以先敲敲门,一个微小的举动就能让孩子感受到你对他的尊重。

其次,尊重孩子的决定。

孩子是一个有思想、有看法、有需求、有情感的独立个体,他有选择和决定的权利。家长总认为孩子的一些决定是错误的,孩子的某些选择会带来不好的影响,因此经常以为他好的名义去阻止他、否定他,这样做的后果就是亲子之间的关系越来越糟糕。家长可以告诉孩子自己的想法,可以跟孩子一起去探讨,给孩子提建议,但最终的决定权要放在孩子手里,即使孩子的想法与我们的想法发生冲突,也要尊重他的决定,不要强行为他做主。

最后,在制定一些规则或决定一些事情时,要做到共同商讨,避免"一言堂"。

从大人的角度看孩子,会觉得孩子的某些行为是不可理解的。其实,换个角度想,站在孩子的角度看大人,大人也经常无理取闹。孩子之所以是孩子,正是因为他们的心理发展规律和特点与成年人不同,他们不可能以成年人的思维方式去行事。因此,家长不要总站在自己的角度去要求孩子,要多听听孩子的意见,最终达到既能让家长接受、又能让孩子认同的结果。

第三步,花时间陪伴孩子。

只了解孩子、尊重孩子还不够,父母还要花时间陪伴孩子。研究发现,父母对孩子的养育投入度(对孩子成长的关注程度、愿意花多少时间与孩子相处)和对孩子自主性的支持,是亲子关系中对孩子的学业成就及学习胜任力影响最大的两个因素。陪伴从来都不是一件简单的事儿,需要父母静下心来,细致观察,用心去了解孩子的世界。

第四步,用积极的语言与孩子进行交流。

在良好的亲子关系里,积极的语言是不可或缺的。积极语言就是指能引发个体积极情绪、发现个体优点及潜能、关注使人生美好的有利条件、促进个体美德及积极品质形成、有利于建构积极人际关系的语言。我们要先创设一个真诚开放的氛围,让孩子敢于表达自己的想法。当孩子说出一些不符合我们期望或要求的想法时,不要着急去评判,而是要认识到,这是我们了解孩子的一种途径,只有当孩子愿意跟我们交流时,我们才能认识到孩子内心的真实想法,了解有这种想法的原因、这种想法已经维持了多长时间,进而引导孩子、纠正孩子的一些错误认知。接下来,我们一起来看看五种不同的语言风格和语言展现(见表1–1)。

表1-1　不同的语言风格和语言展现

语言风格	语言展现
始终批评	指出孩子消极方面,惩罚孩子
先批评后表扬	指出孩子消极方面,但给予希望
始终表扬	热情赞美孩子,真诚支持孩子
先表扬后批评	肯定孩子优势,但否定能力
积极引导	找到孩子具体优势和事情的有利方面,并利用其引导孩子解决问题,表达信任

　　从孩子的角度出发,大家觉得孩子最喜欢哪种语言风格呢?我想大部分家长都认同"积极引导"是孩子最喜欢的语言风格,"始终表扬"是孩子比较喜欢的,"始终批评"一定是孩子最讨厌且不利于孩子成长的语言风格。

　　那么,我们该如何将积极的语言应用到生活中呢?如表1-2所示,语言可以分为五个层次,前三个层次的语言是消极语言,应降低对它们的使用频率;后两个层次的语言是积极语言,应提高对它们的使用频率。家长频繁地使用消极语言,一方面会剥夺孩子的爱和归属感,降低孩子的自尊;另一方面会让孩子感受到自己是被否定的。家长的积极语言会引发孩子愉快的感受,当孩子情绪变得积极时,亲子间的互动也会更好。多说下表中积极的语言,不仅仅是对孩子目前状态的肯定,也表达了大人们的一种态度和期望,更多的是包含对孩子的理解、信任和期待,而这份情感是可以被孩子感受到的,从而产生激励和引导的作用,促使孩子自我实现。

表1-2 积极语言的应用

层次	示例	特征	归因
禁说	滚蛋、滚出去、不要脸、抽你、打死你、让警察抓你、不要你了、白养你、没人搭理你……	恶语	剥夺爱和归属
不说	讨厌、淘气、捣乱、烦人、笨、傻、蠢、窝囊、马虎、撒谎、老失败、让人失望、拖后腿、真糟糕……	负向肯定、批评、打击他人	降低自尊
少说	不行、不好、不是、不对、别动、没出息、不听话、不努力、不认真、不争气、没救了、不上进、不能做、不想干、不愿意、做不了……	"NO"语言,误解、制止他人,不相信他人	否定他人
多说	行、好、是、对、可以、试试、能做、做得了、会成功……	理解他人,先肯定,再指出"NO"的原因,提出建议,让人感到有希望	肯定、尊重
总说	我同意、我欣赏、我尊重、我期待、我相信、我理解、有道理、有新意、有收获、有希望、有提高、有进步、是有原因的……	正向肯定,提出指向未来的建议和有目标效果的行为	激励、引导、赞赏、自我实现

除了上述四步中讲述的方法之外,在构建积极的亲子关系的过程中,家长还应注意承诺的事情一定要做到,言出必行。要知道,孩子对每一个承诺都充满了期待。家长的出尔反尔,会让孩子体会到从希望到失望的极大落差。因此,家长承诺的事儿,一定要做到;如果做不到,就不要随意给出承诺。如果因为无法改变的外力因素暂时无法实现,也要耐心地跟孩子说明原因,郑重地做出澄清,取得孩子的谅解,并在之后弥补孩子。我们要让孩子感受到我们是重视这个承诺的,我们尊重孩子的感受,我们在意孩子失望和失落的情绪。

人无完人,家长有时也会说出一些不合适的话或做出一些不合适的事儿,因此,该道歉的时候就要道歉,道歉代表了我们对亲子关系的重视。道歉时要先表达歉意,说明自己具体错在哪里,接下来寻求弥补的办法,然后真诚地悔改,最后请求对方的原谅。

此外,若想增进亲子关系,我们还要多跟孩子一起互动、讨论,比如一起做手工、做饭、旅游、看电影,一起讨论人生和价值观等;多邀请孩子做有意义的事情时,即使遭到拒绝也要多次邀请;选择合适的时间与孩子进行沟通,比如孩子心情愉悦的时候。

构建师生之间的联结

每个人的一生都会遇到无数个老师。一个好老师带给孩子的影响是巨大且深远的。在初中刚开始时,我的英语成绩并不好,我认为老师的英语课非常枯燥,我听不懂英语知识,甚至连最基础的音标都分不清。初二时,我所在的班级换了一位新的英语老师,这位老师很特别,每次看见我都面带微笑,这让我有一种被关注的感觉。此后,我开始认真学习英语,经常主动举手回答问题,英语老师对我越来越关注,我的英语成绩也越来越优秀,从不及格提升到接近满分。我想说,师生关系和谐了,孩子也就更有动力去学习。但是,老师往往很难关注到每一个学生。此时,父母就要主动去跟老师建立一个良好的沟通。作为父母,向老师借力的核心就是让老师关注我们的孩子,具体做法分为七个步骤。

第一步,表达感谢。

在这一步中,面对面交流优先,能见面就不要打电话,能打电话就不要发信息,能发信息就不要发语音。我们要先理解老师的不容易,再感恩老师对孩子做的一至两件事。在跟老师交流时,我们常常会说:"老师,您不太容易了! 您很辛苦。"但却忽视了老师的不易之处具体在哪里。因此，我们可以这样说："老师，您好！今天来拜访您，和您见这一面主要是想表达对您的感谢！因为我觉得当老师真的很不容易，在学校里每天上课、批改作业、维护纪律，还要负责孩子的安全，每天的工作量真的是非常大，我想想这些，我觉得老师的工作压力和责任比其他工作大得多，我们管一两个孩子都很费力，您还要管这么多孩子，真的很不容易！"如果老师有孩子，我们还可以继续说："尤其您还是一位孩子的母亲，我知道一位老师每天需要面对四五十个孩子，耐心很容易就消耗没了。"当我们把老师的不易之处清楚地描述出来之后，老师更能感受到家长对他们工作的理解。

表达完老师的不容易之后，就要感恩老师了。我们可以这样说："感激您上个月和孩子聊天，孩子说前两天上课您让他回答问题了，孩子特别开心！您还表扬他了！还有，上周三孩子在学校突然肚子疼，您及时带他去了医务室。非常感谢您！"如果没有类似的事件，还可以说一说老师为班级做的事情，比如筹备运动会、举办作文评比活动和读书比赛等。总之，感谢要具体，要发自内心地表达对老师的理解。当老师感受到被家长理解之后，老师也愿意去理解家长，愿意为家长做一点儿事情。

第二步,赞美老师。

每个人都希望听到肯定他的声音,都希望别人能夸赞他的优点。但需要注意的是,赞美不是奉承,更不是拍马屁。表达赞美时不要太夸张、不切实际,也不要说一些无足轻重的点。我们可以赞美老师一至三个具体的优点,例如,"老师,经常听孩子说您讲课特别幽默,孩子特别喜欢您,还说您可漂亮了,今天见到本人,发现您真的很漂亮。"再比如,"太感谢您了,听孩子说在下课和放学之后,您还在耐心地讲题,您真的很负责任。"

第三步,承认不足。

具体来说,就是承认自己在家校共育中的不足。我们可以这样说:"老师,今天也借这个机会给您道个歉。自己一直以来都忙于工作,也不懂得教育孩子,所以,导致孩子养成了一些拖拉、马虎的不良习惯,给您添了不少麻烦。老师,接下来还需要您的指导,我应该和您怎样配合,您和我说,我一定按您说的去做。"在这个过程中,要让老师感受到我们的真诚,以及对老师的尊重和敬佩。

第四步,确认共同的目标。

这一步需要确认一个孩子有信心完成的、老师能接受的目标。我们一定要先和孩子沟通,例如,"你觉得稍微努力一下,至少可以进步多少名?"或者,"你觉得在这门学科上,你可以提升多少分?"只要孩子有信心,哪怕孩子的回答不是我们满意的,哪怕孩子的进步很小,我们也要给予鼓励和认可。接下来,再跟老师进行沟通:"老师,孩子说特别喜欢这一科,之前落下了一些课程,我之前跟孩子沟通过,孩子说这次至少能进步5名,您看我家孩子有没有达到的可能?"老师是最了解孩子学习情况的人,上述的沟通方式体现了对老师的尊重和信任,老师也一定会给予肯定的。

第五步,请求老师的帮助。

我们做好了前几个步骤,接下来向老师请求帮助时就很简单了,我们只需要说:"老师,我特别需要您的帮助。"

第六步,表达帮助的具体行为标准。

很多家长会跟老师说诸如"老师,您多费心""老师,您多多提问我们家孩子"这一类的话。可是,这些行为比较模糊,会令老师感到为难,是老师不能明确完成的。因此,我们要把行为标准表达得具体一些,例如,"老师,您能不能在最近两三天单独和孩子聊一次?就聊聊您对他的关注和期待(比如相信孩子能进步多少名),然后夸夸他的优点,因为他特别希望得到您的表扬和关注。"然后,家长要主动把孩子的优点分享给老师。

为什么要请老师多表扬孩子?以低年级孩子来说,他们比较在乎老师的表扬,就算孩子不喜欢这个老师,但当孩子听到表扬后,也会开始改变最初对老师的印象。到了青春期之后,孩子更加在乎外界对他的评价,他们也同样看重老师的表扬和关注。

此外,我们还可以针对孩子的学习情况向老师提请帮助的请求。例如,"老师,您能不能在最近两三天上课的时候多找孩子回答问题,如果他回答对了,您表扬一下他,如果回答错了,希望您能鼓励一下孩子。""老师,您能不能课间单独找孩子沟通一次,针对孩子目前的学习成绩,给予孩子一些目前适合他学习的方法和计划。"

第七步,付出感恩的行动。

我们可以通过家长微信群表示对老师工作的支持,对于老师发送的消息要及时回复。需要注意的是,我们不要过多地在群里制造提问。此外,我们还可以参加家委会,积极参与学校活动,多为班级做一些贡献。

构建同伴之间的联结

在小学阶段,父母是孩子情感和心理支持的主要来源,孩子与同伴玩耍的时间虽然随着年龄的升高在增长,但与同伴之间的依赖关系仍然不稳定。在中学阶段,同伴逐渐成为孩子情感和思想交流的主要对象,同伴关系代替亲子关系成为中学生最重要的人际关系。糟糕的同伴关系无疑会对孩子产生严重的负面影响。我曾经给一个辍学的孩子做过咨询,经过交流,我发现孩子辍学正是由于糟糕的同伴关系。孩子之前在刷同城视频时看到了一个男生,便在评论区留言"发型不错"。结果,孩子的微信被他人频繁添加,受到了来自各方面的攻击。后来发现是这位男生的女朋友联合了许多女生来攻击她,这个孩子恰恰跟他们上同一所学校。孩子一上高一就受到了严重的网络暴力。孩子去学校之后,也经常被这些女生挑衅和欺负,道歉也不起作用。在这种压力下,孩子无法跟同学友好相处,最终选择不再去学校。只有感受到同伴的接纳和拥有积极的同伴关系，孩子才更容易与其他人进行积极的互动。

提到同伴，还一定离不开一个话题——友谊。但很多孩子往往会把江湖义气当作友谊。我希望父母多跟孩子聊一聊到底什么是真正的友谊。友谊是朋友之间的交情，是由志趣相投的两个人共同维护的亲密关系，任何一方背离或讨好都不是友谊。换句话说，想要建立一段友谊，双方需要有共同的语言和兴趣爱好，且友谊需要双方共同维护。江湖义气是指不顾原则地讲究义气，多为冲动做一些违纪、违背道德，甚至违法的事情。抽烟、打架、作弊等都是学校中常见的违纪行为，也是孩子因江湖义气而容易发生的行为。此外，有部分孩子辍学也是因为江湖义气。例如，之前我辅导过的一个孩子说他在中学时跟九个同学拜了把子，过年后有六个孩子去了技校，他感觉拜把子的兄弟都去了，自己不去就是不讲义气，非要跟父母闹着去技校。因此，我们不仅要让孩子了解什么是真正的友谊，还得让孩子知道交朋友是有标准的，不是所有的人都值得我们去交往。交朋友得交那些有真诚之心、上进之心、善良之心的人。真诚是指言行一致，不能阿谀奉承，不能表面一套背后一套，朋友开心时，可以陪着朋友一起开心,朋友有做的不好的地方,可以适当地提醒朋友。上进是指交往双方都要努力上进,目标明确,有梦想,有广泛的兴趣爱好,共同进步。善良是指愿意去帮助别人,愿意在生活中表现出利他行为。

如何提升孩子的同伴交往能力呢?

第一,培养孩子的兴趣和能力。一个有兴趣爱好的孩子容易找到志趣相投的朋友。父母要善于发现孩子的优势,然后让优势有发挥的空间。

第二,父母言传身教。我们可以多跟孩子分享自己的交友心得,也可以在与朋友聚会时带上孩子,让孩子学习父母是如何交朋友的。

第三,提升孩子的学习成绩。我们可以看到,那些学习成绩较好的孩子更容易受到老师和其他同学的关注,他们也更容易交到朋友。

第四,给孩子提供交友的机会。前段时间我给一个孩子做了咨询,孩子对自己没有朋友这件事感到很困惑。孩子的性格很好,但就是难以交到朋友。后来我了解到孩子参加的培训班非常多,业余时间被安排得满满当当。孩子很少有时间与同学一起交流和玩耍,孩子从小时候到现在都缺少交友的机会。所以,父母要多给孩子一些玩耍的机会,多给孩子一些可以自由支配的时间。

第五,给孩子换一个环境。当孩子在当下的环境中感受到了巨大的交友压力,这个时候要果断给孩子换一个环境。

胜任带来成就感,学习动力更持久

胜任感是指当一个人自由从事目标活动时自发产生的愉悦感和成就感。通俗来讲,一个人有胜任感,说明他能感受到做好某件事的愉悦感和完成之后的成就感。人格心理学家罗伯特·怀特提出,人们非常渴望在与自身环境交互时感到强烈的胜任和高效。孩子的学习动机亦是如此,很大程度上归因于他们需要在与自身的世界打交道时感到胜任。举个例子,我们假设孩子的物理学科成绩很普通,然后根据孩子在物理学科中比较擅长的知识和题型出题,孩子在这份试题中能获得一个较为优秀的成绩,按此方法进行几次后,大家觉得孩子在学习物理上有胜任感吗?学习物理的动力会提高吗?答案一定是肯定的。在学校的日常考试中,老师总是倾向于把题目的难度设置得高一些,而在期末大考中,会把题目设置得简单一些,目的是让大家在关键考试中获得一个好成绩。但我不太认可这种出题方式,我认为这有一个很大的弊端——容易挫伤孩子学习的积极性和动力。我认为日常测试要难易结合,尤其对于学习成绩一般的孩子,更要把题目设置得简单一些,让孩子能在做题过程中获得胜任感。孩子得先对学习有信心,才能有动力继续学习下去。但是,能够胜任微不足道的简单事情,并不能增强胜任感,只有当一个人朝着取得成就努力时,才会自然而然地产生胜任感。胜任感并不是一定要成为第一或者做到最好,人们只需要接受有意义的个人挑战,并且全力以赴,就能感觉到自己是胜任的。

如何让孩子在学习上有胜任感?

第一,学习有目标。第二,学习有方法。关于学习目标的设置和学习方法的选取,下文中将进行详细讲解。第三,学习有信心。一个人得有相信自己能做好事情的信念,不要让知识的匮乏成为自己前进路上的绊脚石。第四,学习有韧性。当遇到困难或挫败时,能克服、能坚持、不放弃。

父母课堂

1.培养自主性的方法:①从孩子的角度出发。②让孩子决定做什么和如何做。③设定支持自主的界限。④确立目标和评估标准。⑤助力孩子探索自己的动机。

2.构建亲子联结的方法:①了解孩子,理解孩子。②尊重孩子。③花时间陪伴孩子。④用积极的语言与孩子进行交流。

3.构建师生联结的步骤:①表达感谢。②赞美老师。③承认不足。④确认共同的目标。⑤请求老师的帮助。⑥表达帮助的具体行为标准。⑦付出感恩的行动。

4.构建同伴联结的方法:①培养孩子的兴趣和能力。②父母身教言传。③提升孩子的学习成绩。④给孩子提供交友的机会。⑤给孩子换一个环境。

5.培养学习胜任感的方法:①学习有目标。②学习有方法。③学习有信心。④学习有韧性。

第2章

满足大脑认知发展需求,学习才能事半功倍

在大脑发展关键期训练孩子相应的学习能力,
则事半功倍;反之,则事倍功半。

抓住学习的关键期

我知道很多家长热衷于给孩子报各种补习班,让孩子超前学习。然而超前学习真的有用吗？心理学中有一个非常著名的实验——双生子爬梯实验,研究了双生子(同卵双胞胎)在不同的时间学习爬楼梯的过程和结果。心理学家格赛尔让双生子之一在出生的第46周开始学习爬楼梯,每天练习10分钟。双生子中的另一个则在出生的第53周开始接受同样的训练。两个孩子都练习到他们满54周的时候,第一个孩子练了8周,

第二个孩子只练了2周。大家觉得这两个小孩哪个爬楼梯的水平高一些呢?很多人都认为练习了8周的孩子的水平更好一些。但实验结果却出乎意料,只练了2周的孩子的爬楼梯水平比练了8周的孩子还要好。这个实验告诉我们教育要尊重孩子的实际水平,在孩子成熟之前,不要违背孩子的自然发展规律。

我认为超前教育不仅不能对孩子的学习和发展起到很好的作用,还会削弱孩子对学习的兴趣。几年前,一位妈妈带着上六年级的女儿来找我做咨询,女孩目前的数学成绩很差,并且不想再学数学了。但是根据了解,这个女孩之前的数学成绩很好。为什么会出现如此大的变化呢?原因是小女孩学习了奥数。奥数是一种很典型的超前学习,有很多超前的知识和超纲的题目。小女孩在学习奥数过程中感受到了巨大的挫败感,久而久之,她逐渐对数学失去了兴趣,甚至开始厌恶数学。

综上所述,好的教育应尊重儿童的实际水平,在关键期进行学习,而不应该过分超前教育或过度开发潜能。所谓关键期,就是指一个人的身体或心理的某一方面机能和能力最适宜形成的时期。其实我们每个人的大脑都有巨大的潜力,但令人疑惑的是为什么很多人的这些潜力没有得到很好的发挥呢?为什么做了很多努力,成绩却依旧平平?一个十分重要的原因就是我们错过了大脑发展的关键时期,在关键期内施加教育影响,会让孩子更具有胜任感,起到事半功倍的作用;错过了关键期,之后弥补则往往事倍功半。例如,一个小时候被狼收养的孩子,当他被人从狼群中救出后,总是喜欢像狼一样叫唤,还会咬人。科研人员努力教他学习说话,可他直到死前也几乎没有学会一句完整的话。狼孩错过了语言发展的关键期,之后再训练他说话便尤为艰难。

大脑的三个功能区

苏联神经心理学家鲁利亚博士根据脑的结构与机能之间的联系,通过大量的临床研究和实验室实验,将人的大脑分为三个主要的基本功能区。

第一功能区负责注意活动,基本作用是保持大脑皮层的一般觉醒状态,提高它的兴奋性和感受性。

第二功能区又分为三个区,分别是感知觉初级区、感知觉二级区和感知觉三级区。感知觉初级区主要负责感觉的形成,如视觉、听觉等。感知觉二级区主要负责知觉的形成,知觉就是人对感觉信息的组织和解释的过程。例如,我们通过视觉器官知道一个事物具有圆圆的形状、红红的颜色,通过嗅觉器官感到它特有的芳香气味,通过口腔品尝到它的酸甜味道,于是,我们把这个事物反映成苹果,这就是知觉。感知觉三级区主要负责与语义相关信息的处理,如阅读理解。

第三功能区也分为三个区,分别是运动初级区、运动二级区和元认知三级区。在大脑发出指令后,由运动初级区直接调节身体各个部位的运动。运动二级区的主要作用是实现对运动的组织,制定运动的程序。元认知三级区位于额叶的前面,主要作用是产生活动的意图,形成行为的程序,实现对复杂行为形式的调节和控制。

不同时期对孩子的教育,必须结合大脑的三大基本功能区的发育阶段,超前或滞后都会影响孩子的发展。

在学前期阶段,应重点开发第二和第三功能区的一、二级区。具体来说就是需要特别注重感觉、知觉能力和运动机能的开发。最好的育儿方法就是尽量给孩子提供丰富的文化环境,让孩子不断接触人,与人说话,更要有视觉的、听觉的、触觉的以及丰富多彩的物理环境让孩子感受、探索和玩耍。例如,尽可能多地让孩子接触外界世界,如大街小巷、商场、超市、公园、博物馆……在保证安全的情况下,去的地方越多越好。而且,父母要多与孩子进行对话互动,可以一边带孩子体验,一边与孩子对话,让孩子印象更深刻。

在小学阶段,应重点开发第二功能区的三级区。小学是认字、组词、造句的重要时期,阅读、理解、书写能力在此时期飞速发展。最好的育儿方法就是对孩子进行大量的形象具体的思维训练,书面语的学习和掌握也是特别重要的方面。在这个阶段要开始培养孩子的阅读兴趣,增加孩子的阅读量,鼓励孩子多读课外书。另外,对于孩子学习习惯、时间安排、学习方法等方面的培养也要重视。小学低年级是培养良好习惯的关键时期,小学低年级的孩子在很多方面开始从依赖走向独立,但家长仍然是极具权威的,对于家长提出的要求,孩子会听从,但需要注意的是家长的身教要大于言传。

在中学阶段,应重点开发第三功能区的三级区,注重元认知的发展。所谓元认知,就是个体对自己的认知过程的认知。个体可以通过元认知来了解、检验、评估和调整自己的认知活动。所以家长需要对孩子的自主学习能力进行重点培养,应特别注重孩子的计划、组织能力,独立地提出问题、分析问题和解决问题的能力。我看过很多写高考状元的书,我发现他们通常自己制订学习计划,他们会列一张学习计划表,把每天需要学习的科目、题型和时间都安排得清清楚楚。由此可见,家长需要给予孩子足够的空间和支持,孩子也有安排自己的事情的权利。例如,家长可以多让孩子自己订立假期的学习、生活及旅游计划。如果此阶段发展顺利的话,老师和家长都会感觉很"省心",不需要过多督促孩子,这就是孩子的自主能力、计划组织能力在发挥作用。

在大学阶段,第三功能区的三级区处于完善阶段,需要特别关注社会适应能力的开发。具体来说,需要训练个体理智对感情的控制和机能。大学阶段不仅是知识的系统和深化的时期,同时也是通过学习和实践了解自己、控制自己、调整自己、理解别人,以及学会合情合理地处理各种社会和人际关系的重要阶段。

父母课堂

不同阶段要关注孩子不同方面的发展:①学前期需要重视语言环境和让孩子尽情玩耍的物理空间。②小学阶段要重视阅读、理解、书写能力的发展和培养;重视思维的训练,学习习惯的养成,学习方法的训练。③中学阶段要重视自主能力的培养,包括计划能力、组织能力,提出问题、分析问题和解决问题的能力。④大学阶段要重视社会适应能力的开发。

第3章

我相信我能学好
——提升学习效能感的3种方法

相信自己可以学好，是开始学习的第一步。

学习效能感就是孩子对自己学业进步和优秀的信心程度。学习效能感高的孩子相信自己有能力学好，相信只要努力就能学好，学习的动力更高。学习效能感低的孩子不相信自己有能力学好，在学习中不容易坚持下来，学习动力较低。举个例子，我之前给一个孩子做高考志愿的辅导，这个孩子英语只考了40分左右，以至于孩子最后只能选择一所二本院校。我对此感到很可惜。孩子说："我知道英语学习并非那么难，可我对英语学科很排斥和抵触，我不想学英语。"从孩子的描述中，可以看出孩子知道学习英语并不难，这代表孩子元认知能力的发展正常，他能理性地去评估学习英语这件事情。但是孩子对英语学科很抵触,这代表孩子在英语学科上的学业情绪不佳,缺乏学习英语的动力。还有很多孩子说自己不擅长某项科目,所以学不好,这就是学习效能感低的表现。

人的大脑是非常具有可塑性的。我们可以把大脑想象成一个动态的、互相连接的电路。有一些电路非常顺畅,这些就是我们形成的习惯,即我们建立的思考、感受和做事情的模式。当我们学习一种新的任务或者体验到一种新奇的情绪时,就会建立一条新的通路。如果我们不断地重复这种任务或情绪,我们的大脑就会更多地尝试这条通路,这条通路的联结也会增强。随着联结的增强,大脑再次经过这条通路时就会变得很顺畅。以驾驶汽车作为比喻,当你未学习驾驶汽车时,大脑中负责驾驶技术的神经元是彼此互不联结的;当你学习驾驶汽车时,与驾驶技能相关的神经元开始联结了,形成了一条通路;当你反复练习后,神经元的联结更紧密,这条通路越来越顺畅,你的驾驶技术也越来越好。学习也是同样的,都是从陌生到熟悉,再到精通的过程,只要反复练习,付出足够的努力,我相信每一门学科都能学好。当然,不同孩子在同一门学科上存在差异也是正常现象,只不过这个差异并没有我们想象得那么大,有学科优势的孩子可能在这一门学科上能取得100分,没有学科优势的孩子通过努力可能只能取得90分。

提升孩子的学习效能感的方法有以下几种。

方法一:多积累学习的成就体验。

首先,设定合理的目标。

如果在自己能力范围内很容易做到某事,那么这就是我们的舒适区或者能力区;如果任务有一定的挑战性,但我们通过努力又可以做到,那么这就是我们的学习区或者发展区;如果任务难度太高,无论怎样努力都无法达成,充满了挫败感,那么这就是我们的焦虑区或者高难度区。合理的目标要设置在学习区。

其次,给予及时反馈。

美国心理学家罗斯和亨利设计了学习反馈效应实验,目的是了解学习反馈对学习成绩的影响。研究者将一个班级的学生随机分成三组,每组学生需要学习相同的内容,但接受不同的反馈。具体来说,第一组学生在每天学习结束后都有学习结果的反馈;第二组学生每周有一次学习结果的反馈;第三组学生从不被告知学习结果,无任何反馈。实验进行8周后,改变做法。除第二组仍每周得到一次反馈外,第一组与第三组的做法互换。实验继续进行8周。结果发现,在前8周中,第一组学生的成绩最好,第二组居中,第三组最低。在后8周中,第二组学生的成绩依旧处于中等水平,但学习成绩提高了。而第一组与第三组的成绩刚好相反,第一组学生的成绩呈下降趋势,第三组学生的成绩则迅速提高。实验证明,及时反馈在学习上的效果是极其显著的。

根据反馈效应来看,我认为学校中的周测、月考本身具有一定的积极作用,而众多家长和老师往往运用不当,致使这些考试成为孩子的负担。如果日常考试的试题难度太高,而家长又因为成绩常常批评孩子,孩子有很大的可能性对学习丧失信心。我认为我们可以转变对日常考试的观念和态度,不聚焦于成绩,不去通过成绩评判孩子,只是把它当成一种对学习效果的检测方式。例如,我们可以在孩子做完试题后把答案交给孩子,让孩子自己去判卷,查漏补缺,然后列一个记录表,记录有哪些知识和题型掌握得比较好,哪些知识有所欠缺和有待提升。这种做法既给予了孩子结果反馈,又不会给孩子造成太大的心理压力。

最后,多主动建设性地回应进步。

当孩子取得一些进步时,家长一定要主动去回应孩子的进步,然后帮孩子总结他做得好的地方。举个例子,孩子这次的成绩提高了20分,主动建设性的回应就是:"妈妈为你的进步感到高兴,祝贺你,你真的很棒,你能跟妈妈说一说你是如何做到的吗?"在这个回应中,家长先夸奖了孩子,表达了祝贺,这能让孩子感受到成就感;然后询问孩子是如何做到的,目的是让孩子回忆学习方式,助力孩子总结出成功的经验和方法,孩子知道自己通过努力可以做得很好,也就具有了胜任感。

方法二:多见识榜样。

见识榜样有如下几个作用。

第一点,接收正确的学习价值观。一个可以被称为榜样的人一定会认同学习是重要的,他们会告诉孩子读书的重要性,在学习过程中坚持的重要性,这有利于孩子形成正确的学习价值观。

第二点,学到高效的学习方法。一个可以被称为榜样的人一定有正确的、高效的学习方法,这些方法将使人终身受益。

第三点,激励自己。一个可以被称为榜样的人一定付出了很多努力、克服了很多困难,才取得如今的成就。他们的故事振奋人心,激励个人不断前行。

方法三:多掌握学习的方法。

首先,孩子一定要会学习。什么叫会学习?这包括了记忆、阅读理解、目标设定、时间管理、专注、自控、做计划等能力。

其次,会思考。也就是说,在学习中,我们要发展举一反三、逻辑推理、知识点关联、元认知等能力。

总之,会学习和会思考,是每个孩子一生最重要的成长能力,更是能解决问题的核心能力。

父母课堂

提升学习效能感的3种方法:①多积累学习的成就体验。②多见识榜样。③多掌握学习的方法。

第4章

人到底为什么要学习

> 学习是对自己一生最好的投资,学习的能力才是人生的核心竞争力。

在此先问各位读者一个问题:大家觉得小升初、中考和高考重要吗?如果重要,那么孩子小升初失败、中考失败,甚至高考失败对作为父母的我们来说意味着什么?在我的课程中,有人回答这意味着未来没有希望了,有人说这意味着孩子没有一个好的学历了,有人说这意味着孩子将来找工作的范围缩小了……虽然大家的答案各异,但都透露出了一个中心思想——学习或学历对个人的发展至关重要。

接下来,我想给大家介绍一个学生。这个学生经历了一次中考失败,两次高考失败,他没有一个高学历。毕业之后,他又经历了三次创业失败。大家觉得这个学生还会拥有一个美好的未来吗？很多人认为这个学生前途一片渺茫。其实这个学生就是我。

小学时，我的学习成绩特别好，总是考第一名、第二名，我没有感受到任何学业上的压力和负担。

初中时，我所在的学校是全封闭式的私立中学，这所中学的管理非常严格，学生的学习强度特别大。我的学习成绩虽不是第一二名，但也排在班级前列。在初三阶段的最后两个月，为了乡镇的升学率，我回到了乡镇中学读书。这所学校的同学的学习成绩和实际能力与我相差甚远，我找不到竞争的感觉，因此没有认真学习。结果也显而易见，我没有考上重点高中。

就这样，我开启了以玩乐为主的高中生活。从高一开始，一个星期中至少有三天我都会想办法离开学校，去网吧里包夜通宵，每天中午放学还要出去玩两个小时。一直持续到高二，我都会经常去网吧玩游戏，上课时睡觉。我认为自己很聪明，学习基础又好，所以，高一玩游戏也没有关系，高三好好学就能考得很好。但真正到了高三后，我尝试着学习，却发现自己已经跟不上老师讲课的进度了。第一次高考完,我的分数很低,无法进入理想的大学。由于对家庭的愧疚和对自己的不甘心,我选择了复读。复读学校的学习氛围很好,但由于我高中三年的基础较差,学习起来很吃力,跟不上进度,最后依然没能考上一所好大学。

进入大学之后,身边充斥着类似"学历不重要,能力更重要""高学历都是给低学历打工的"言论,所以我把成绩放到最后一位,保证自己能拿到毕业证,其余时间都在锻炼实践技能和能力。

我想要闯出一番天地,所以毕业后努力创业,没想到接连遭遇了失败。我也曾深深地陷入迷茫,我从小就被别人夸聪明,为什么中高考会落榜?我认为自己的能力很强,我想不通为什么创业会失败。直到28岁时,我才真正明白了失败的原因——没有重视学习,没有培养出优秀的学习能力。于是我开始阅读各种书籍,并且去清华大学、中科院心理所、华东师范大学和北京师范大学等高校参加很多研修班的课程。我见识了很多名校和名师榜样,我认识到了学习的重要性,明白了上一所好大学的意义。因此,我选择了考研,继续深造。

在经历了一些挫折和磨难之后,我才明白了学习的重要意义。我知道现在很多人都不知为何而学,不知道学习到底有什么用。今天,我们就来一起探讨学习的意义。

学习是什么?"学"是对不知道的东西接收的过程,是知新;"习"是不断重复,是温故。"学习"的原始意义便是一个人持续不断自我完善的过程。

为什么要学习? 在迷茫的时候,通过学习,可以找到前进的方向。就像爬山一样,爬山的过程很累很苦,山间的雾可能也迷了我们的眼,为什么还要继续往上爬? 只要我现在放弃,我就可以下山回家晒太阳、品美食、玩手机。但是如果我能坚持往上爬,在快到达山顶的时候,大雾散开,蓝天仿佛触手可及,云海也近在眼前,这么多美丽的风景都是在山脚下看不到的。越坚持学习,就越能看到更美的风景和更好的自己。我想,这就是学习的意义。王安石曾说:"而世之奇伟、瑰怪、非常之观,常在于险远,而人之所罕至焉,故非有志者不能至也。"学习和努力不一定是为了换取成功和超越别人,而是为了体验一个更大的世界。

首先,学习是一场完完全全与自己的竞争。很多孩子面对学习苦不堪言,这是因为他们每天在被比较,每天在被迫与他人竞争。其实学习应该以自我提升为目的。孩子的成长不是为了追求完美,而是为了追求进步。其次,学习让我们拥有选择的权利。无论在学习还是工作上,学习能力强的人会有更多的选择。总而言之,学习的重要作用就是人格的养成与完善。

我想很多人曾经都思考过这个问题:在当今社会,学历和能力孰轻孰重? 很多人说能力更重要,当老板不需要很高的学历。但我们可以去看一看那些耳熟能详的优秀企业老板的学历,例如,百度创始人李彦宏毕业于北京大学信息管理专业,抖音创始人张一鸣毕业于南开大学软件工程专业,京东创始人刘强东毕业于中国人民大学社会学专业,腾讯创始人马化腾就读于深圳大学……他们不仅学历高,能力也强。学历不仅仅是一张文凭,也不只是一块找工作时的敲门砖,学历的背后是在经过持续不断的努力后所获得的学习的能力,简称为学习力。学习力才是最强的能力。当我们能考上一所不错的学校和拥有一个不错的学历,就代表着我们同时也具有了以下几种能力。

第一,专心致志,能排除干扰专心学习的能力。如果我们不具有此项能力,我们可以坚持十几年的学习吗? 我们或许早被其他事物吸引从而放弃了学业。

第二,坚毅的能力。在学习过程中,不管遇到什么样的挫败和坎坷,我们都能继续努力和坚持下去。

第三,较高的自制力。外界有太多的刺激和诱惑,我们能约束自己的行为,控制自己的情绪。

第四,制定目标且为之奋斗的能力。没有目标,一定不会获得一个好成绩。

第五,时间计划管理能力。很多孩子非常努力,成绩却一直无法提升,为什么? 努力重要,但方法也很重要。很多成绩优秀的孩子在分享学习方法时,会强调学习规划的重要性,他们对于每门科目的学习都有详细的时间计划。例如,他们会计划好每天哪些时间学什么科目、具体学习什么内容,以及每项科目学习多长时间。

第六,面对考验时具有稳定的心态。在学业生涯中,我们每个人都需要面对上百次的考试,在此过程中练就了稳定的心态。

第七,较强的理解、逻辑思维和关联能力。很多学科不仅需要理解能力,还需要逻辑思维,在此基础上再将众多知识点结合起来,从而解决问题。因此,若想取得好成绩,这些能力必不可少。

一所好大学还能带给我们什么? 第一,良好的校园环境。包括优美的景色、丰富多彩的人文、影响深远的历史,等等。第二,清晰的目标。学生们会制定清晰的目标和详细的人生规划,并互相激励。第三,浓郁的学习氛围。在一所好大学中,你能看到周围人都在为了目标而努力学习。第四,顶级的师资。好学校的师资阵容更强大,科研项目更多样。第五,更丰富的同学人脉。在好大学中可以认识更多优秀的校友。第六,强大的就业平台。很多大企业只会给好学校的学生提供就业机会。

总而言之,努力学习到底是为了什么?第一,激发自己的潜力。第二,遇见志同道合的朋友。第三,见识更广阔的世界。第四,发现人生的意义。第五,实现自己的梦想。第六,拥有幸福的能力。第七,青春无悔,人生无憾。

父母课堂

学习力强,则代表具有以下能力:①专心致志,能排除干扰专心学习的能力。②坚毅能力。③较高的自制力。④制定目标且为之奋斗的能力。⑤时间计划管理能力。⑥面对考验时具有稳定的心态。⑦较强的理解、逻辑思维和关联能力。

第 5 章

如何让孩子在学习中感受到快乐

学习应该是一件快乐的事情。

为什么孩子学习不快乐

孩子并非完全不爱学习,有些孩子知道学习非常重要,也愿意去学习,但是在学习过程中感受到的只有枯燥、乏味、无趣……渐渐地也就不想学习了。

为什么孩子感受不到学习的快乐?

首先,跟孩子的主观判断有关。

有的孩子认为自己不适合学习,有的孩子认为自己怎么学也学不会,有的孩子认为自己的记忆力不佳……当孩子以这些想法看待学习的时候,就很难再感受到学习的快乐了。

很多孩子的总成绩不够好是因为偏科，他们常常说自己一看到某一科目就头疼、不想学，对其充满了抵触情绪。导致孩子偏科的很大可能性并非这一科目有多难学，而是孩子对这一科目的认知和态度，以及在学习这一科目时的情绪。

其次，父母错误的教育方式。

在孩子需要鼓励的时候，父母不仅不鼓励孩子，反而还批评孩子。在孩子遇到学习上的困惑的时候，父母没有支持和指导孩子。在孩子表现优异的时候，父母也没有给予积极的反馈。我们总认为孩子在学生时期的职责就是学习，好好学习是一件本来就应该做到的事情，如果做不到，孩子就要受到批评和惩罚。当孩子因为多种原因厌学时，我们不知道孩子为何这样，一味地跟孩子说："你怎么总玩手机？你为什么不好好学习？你怎么这么笨！你最近太糟糕了！"当父母有这样的认知时，孩子当然无法感受到学习的乐趣。

记得三年前有一位妈妈说自己上初三的孩子突然想学体育，但自己不赞同。我问她孩子是否喜欢体育。这位妈妈说孩子并不喜欢体育，学体育只是为了能考上高中。我说："孩子目前的成绩无法考上高中吗？"妈妈说："孩子的学习成绩不是很差，上高中是没问题的，如果再努努力，很可能考上一所较好的高中。"我问："为什么孩子还非得要学体育呢？孩子是怎么说的？"妈妈回答："孩子跟我说'我比别人笨啊，我只有通过这样的路径才能考上高中'。"我很好奇孩子为什么会有这样的认知。妈妈说："这都怪我，我从孩子小时候起就常说孩子笨，说他没有别人聪明。"

通过这则例子，我们很容易发现，如果孩子身边的重要他人不断给孩子贴负面标签，并找出各种例子支持这个负面标签，渐渐地，孩子就会将其内化为自我评价。例如，家长总说孩子笨，并认为试题不会做、考试考砸了等事情都是"笨"的体现，孩子渐渐地就会认为自己就是一个笨孩子，自己对学习无能为力。

最后，社会偏见对孩子的影响。

我们常常激励孩子的一句话是"书山有路勤为径，学海无涯苦作舟"。我很认同前半句话，勤奋确实是通往成功的一条道路。但对于后半句话，我认为应该是"学海无涯乐作舟"。在我咨询过的一个案例中，孩子说："我每天都特别烦，面对父母时更烦躁，他们一点儿也不理解我，一回到家就发脾气。"我让孩子给我举一个相关的例子。从孩子的表述中，我了解到，孩子有一次回家之后跟父母说自己在学校里感到很累,父母的回答是:"学习哪有不累的? 谁学习不累? 我们上学的时候比你辛苦多了,你都不用功学你还觉得累?"父母的回答意味着学习一定会让人累,累是非常正常的感受。相应的,孩子的体验就是学习很累,学习令人痛苦。这个案例中的父母之所以告诉孩子学习很苦很累是希望孩子能够接受这个事实,但孩子真的能接受吗? 孩子只会觉得父母完全不理解自己。

从小时候开始,我们身边一直充斥着这样的声音:十年寒窗苦读,头悬梁、锥刺股,吃得苦中苦、方为人上人……这就是社会带给我们的一种固有观念——学习是一件痛苦的事情。换个角度想一想,我们用"苦""艰难"等词汇去描述那些努力学习的人,是从我们自己的视角出发的,那些人在学习中感受到的真的只有痛苦吗? 为什么我们认为"头悬梁、锥刺股"很痛苦? 因为我们只看到了当事人艰苦的学习环境,如果他们内心真的觉得学习非常辛苦、没有乐趣,我想他们可能很早就放弃了。学习的苦大概率是环境导致的,学习本身应该是令人快乐的,如果你觉得学习令人痛苦,那么很有可能是没有找到恰当的学习目标,没有获得快乐学习的策略。如今的学习环境并不像古时候那样艰苦,我们不必人为地给孩子创造苦,也不要给孩子传递"学习是苦的"这种思想。从小培养孩子读书、学习的习惯，我想孩子一定能感受到学习中的乐趣。

其实学习也可以很快乐

快乐的生理基础是内啡肽和多巴胺。也就是说，当你感受到快乐的时候，大脑就会分泌内啡肽和多巴胺。

内啡肽可以帮助人保持年轻快乐的状态，所以内啡肽也被称为"快乐激素"。当内啡肽水平升高时，可以带来成就感、充实感、愉悦感、满足感、宁静感。

内啡肽研究者、诺贝尔奖获得者罗杰·吉尔曼发现，人体产生内啡肽最多的区域以及内啡肽受体最集中的区域，就是学习和记忆的相关区域。当此区域工作时，内啡肽很容易被调动。但并不是说只要我们一学习或记忆，内啡肽水平就能快速升高。往往当我们通过努力克服学习困难取得成就后，内啡肽水平会升高。例如，假如我们平时跑步能跑三千米，现在克服困难努力坚持下去，可以跑四千米、五千米，这时内啡肽就升高了。再举一个例子，很多人非常喜欢吃辣椒，但辣味并不是一种味道，辣椒素刺激身体之后，会令身体产生一种异样的灼烧感，又热又疼。再喜欢吃辣椒的人，在他们刚开始尝试吃辣椒时,都觉得不太舒服。那么为什么人们还是如此喜欢吃辣呢?为什么越吃辣越上瘾?人们发现,在感受到疼痛的时候,还有一种兴奋的感觉,越辣越觉得兴奋。当我们努力去克服辣带来的疼痛感,大脑就会分泌内啡肽,让人们产生愉悦感。正是这种痛感和快感的结合,让很多人"无辣不欢"。其实在学习中也是如此。我们每个人在学习中都或多或少有过这样的经历:有一些瞬间你觉得学习很不容易,比如一个知识点没听懂,比如一道题经过很长时间还是没有解答出来,就算如此,我们仍然能保持良好的状态,努力克服那些困扰我们的问题,并对之后的学习抱有期待,这时候我们的心情其实是愉悦的。这就是内啡肽在起作用。当我们认为学习内容是有意义的,比如学习与人生目标是关联的,学习跟人生规划是相符的,内啡肽水平也会提升。

在实际学习时,如何才能取得这种快乐?

第一,有发现的学习,有观察、思考、判断。

什么样的学习是最无聊、最枯燥的?答案就是只听不思考。只被动接收信息,没有任何对学习内容和问题的思考,这种学习太机械了。真正有意义的学习应该是有发现的学习,个人在学习中要观察、思考和判断。

我之前在山西潞城上课时遇到过一位妈妈,这位妈妈说:"我的孩子现在读高一了,但是他没有上过幼儿园和小学,孩子一直很优秀,前段时间同校的一个孩子得了很严重的病,我的孩子就在全年级发起了募捐,我为孩子感到自豪。"我听了之后很好奇,我问:"孩子上初中时能跟得上学习进度吗?"妈妈说:"当时孩子的班主任也觉得很不可思议,也担心过孩子是否能跟得上学习进度,但是孩子的表现说明了一切,从初一到初三,孩子表现得越来越好,最后考上了潞城的重点高中。"我更加好奇了:"孩子没有进入幼儿园和小学,那么那段时间在做什么呢?"妈妈说:"天天玩呀,想玩就玩。"我问:"孩子是怎么玩的? 都玩些什么?"这位妈妈开始认真地回忆,她说:"对于孩子想玩的,我都比较支持,有时候我会跟孩子一起玩,比如一起下棋、阅读、看电视,我和孩子都特别喜欢看法治频道、新闻频道和科教频道。在玩的过程中,我经常会和孩子一起探讨,比如如何看待和理解某些事情。"

经过这次聊天,我发现这位妈妈做到了以下两方面。首先,她做到了陪伴孩子。其次,在陪伴过程中不断激发孩子思考。她在玩的过程中教会了孩子很多比从小学课堂上学

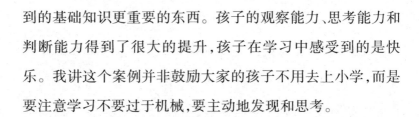

到的基础知识更重要的东西。孩子的观察能力、思考能力和判断能力得到了很大的提升,孩子在学习中感受到的是快乐。我讲这个案例并非鼓励大家的孩子不用去上小学,而是要注意学习不要过于机械,要主动地发现和思考。

第二,克服困难的学习,有成就、有意志力。

记得我在上高二时有一位同学来找我询问物理题,那时我的学习成绩不太好,我问他:"你觉得我像是会解答这道题的人吗?我天天通宵玩游戏,你问我题,这不是在开玩笑吗?"这位同学说:"你这么聪明,肯定没问题,稍微努力一下,你就能学会。"听到这话,我很兴奋。但是看了这道物理题之后,我确实不会解答。接下来,我开始看书找相关的知识点,研究了两个小时之后,我终于弄懂了这道题。当我给同学讲解完试题后,同学说:"我知道你肯定能解答出来。"那个时候,我内心的成就感特别高,内啡肽水平迅速上升,那种克服困难终于成功的兴奋感令我大受鼓舞。此后,我努力学习了好几天。

第三,为自己信念的学习,有目标、有意义。

一写作业就抄答案,一听课就发呆,这样的学习方式肯定无法让孩子感受到学习的快乐。学习应该是为自己而学,是有目标的、有意义的。当学累了,想一想自己的目标,又能充满动力;当怎么学也学不下去的时候,想一想学习的意义,又能进入较好的学习状态。正如王阳明先生所说的:"故凡一毫私欲之萌,只责此志不立,即私欲便退。"意思是凡是有一丝一毫私欲萌发,就立即反躬自省,让自己立的志向再次得以确认,这样私欲便会退去。一个有目标、有志向、明确学习意义的人,在学习过程中容易克服困难,分泌内啡肽,感受到学习的快乐。

父母要成为孩子生涯发展的支持者,帮助孩子找到学习的目标和意义,鼓励孩子克服困难,相信孩子能做得很好,发现和肯定孩子的努力与进步。

为什么孩子容易沉迷游戏?

多巴胺被冠以"快乐的源泉",当多巴胺水平升高时,人就会兴奋、激动、情绪紧张。面对新的、变化的、刺激的、感兴趣的事物,多巴胺水平就会升高。

游戏中那些新鲜刺激的画面、惊人的挑战、新奇的奖励容易让人分泌多巴胺,从而产生快感。当某件事能给我们带来快乐时,就会激励和促使我们还想再次经历。这就是为什么人们在购物节时更容易冲动消费。例如,在商场特有的灯光和环境的渲染下,模特展示的衣服会非常吸引人,大脑分泌的多巴胺让你觉得你穿上这件衣服之后就会和模特一样好看,促使你把它买下来。

如果说在学习过程的中后期更多的是内啡肽在起作用,那么在学习前期,多巴胺更重要。多巴胺可以让我们产生学习和行动的欲望,因此在学习前可以用各种方法提升多巴胺的水平,让孩子愿意去学习。运动、刺激、社会支持、循环训练、激励等都是提升多巴胺的方法。

父母课堂

如何在学习中获得快乐:①有发现的学习,有观察、思考、判断。②克服困难的学习,有成就、有意志力。③为自己信念的学习,有目标、有意义。

第6章

聚焦生涯发展，让孩子有目标地学习

我是谁？我要去哪里？我如何能到达那里？

《庄子·养生主》中有一句话："吾生也有涯，而知也无涯。"意思是人生是有限的，而知识是无限的。有人认为拿有限的生命去追求无限的知识太累了，知识是学不完的，不如不学。其实不然。正因为生命有限，知识无限，我们才更应该合理规划自己的人生，有目标地去学习知识，这就涉及了生涯发展。通俗来讲，生涯发展就是指一个人一生的发展过程。个体在不同的年龄阶段的身心发展不同，生涯任务也不同。如果孩子能明确生涯的概念和每个阶段的发展任务，他就能找到学习的目标、动力和意义。

美国职业管理学家舒伯把人的职业生涯划分为五个主

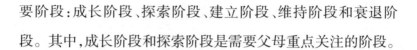

要阶段:成长阶段、探索阶段、建立阶段、维持阶段和衰退阶段。其中,成长阶段和探索阶段是需要父母重点关注的阶段。

职业生涯的第一阶段:成长阶段(4—14岁)。

成长阶段的主要任务是发展自我概念(自我概念是一个人对自身存在的体验,它包括一个人通过经验、反省和他人的反馈,逐步加深对自身的了解),开始以各种不同的方式表达自己的需要,发展对工作世界的认识,了解工作的意义。这一阶段共包括三个时期:幻想期(4—10岁)、兴趣期(11—12岁)和能力期(13—14岁)。

在幻想期,孩子常常进行角色扮演。他们能从外界感知到许多职业,对于自己觉得好玩和喜爱的职业充满幻想并进行模仿。例如,我在这一时期时,武侠片正火热。我常常幻想自己是类似"郭靖""杨过"这样的大侠。

兴趣期要重视兴趣爱好的发展。在这一时期,孩子以兴趣为中心,理解、评价职业,开始做职业选择。这一时期的兴趣相对来说是稳定的。孩子小时候对很多事物都感兴趣,今天喜欢这个,明天喜欢那个,我们不知道孩子真正热爱的是什么,也不知道如何帮孩子发挥他的优势。但在孩子11岁左右时,我们一般能发现一至两项孩子真正热爱的、且能长期坚持的兴趣。

在能力期,孩子开始考虑自身条件与喜爱的职业是否相符合,有意识地进行能力培养。在这个时期,要注重让孩子通过见识职业和体验职业,明确当下的学习目标。

职业生涯的第二阶段:探索阶段(15—24岁)。

探索阶段的主要任务是通过学校学习、休闲活动、打零工等进行自我认知、角色鉴定和职业探索。同时使职业偏好具体化,发展符合现实的自我概念,学习开创更多机会。职业偏好具体化要求我们根据孩子的性格、能力、兴趣等因素来帮助孩子探索职业。职业偏好越具体,个体越能发展符合现实的自我概念,不再充满幻想和迷茫。此时个体目标清晰,对未来有一定的规划。这一阶段共包括三个时期:试探期(15—17岁)、转换期(18—21岁)、试验与承诺期(22—24岁)。

在试探期,个体要综合认识和考虑自己的兴趣、能力与职业社会价值、就业机会,开始进行择业尝试。

在转换期,个体正式进入职场,或者进行专门的职业培训,明确某种职业倾向。

在试验与承诺期,个体初步确定职业清单,选定工作领域,探索成为长期职业。

在此,请大家思考几个问题:当今的孩子在初高中时有没有使职业偏好具体化? 有没有职业体验? 有没有将自己的性格、能力、兴趣与自己未来的职业形象关联起来? 大学毕业之前能明确自己的职业目标吗? 如果这些问题的答案都是否定的,说明孩子对自己的生涯发展没有清晰的规划,有些孩子甚至都不了解生涯发展。

为什么很多年轻人在毕业之后还不清楚自己的职业方向? 为什么很多年轻人频繁换工作? 原因就是没有在探索阶段进行探索。我遇到过一位五十多岁的父亲,在工地上从事高空作业的工作,据了解他将自己积攒的二十万元用于儿子婚房的首付。我问他为什么不回家休息,还在这里从事这么辛苦的工作。他说给孩子付婚房首付之后还要继续给孩子还贷款。听到这句话之后我感到很心酸。如果孩子没有探索自己的职业,没有充分发挥职业优势,一方面会影响自己的职业发展,一方面还会增加父母的负担。

那么,父母该怎样帮助孩子进行职业生涯探索呢? 在规划孩子的职业生涯时,要综合考虑到孩子的兴趣、能力、性格和价值观。兴趣决定着孩子想做什么和适合哪个行业,做一件感兴趣的事会感到快乐,无兴趣则会感到厌倦。能力决定着孩子能不能从事某项职业,以及在工作中能达到何种程度。任职的岗位能发挥能力则会使人感到自信,任职的岗位不能发挥能力则会使人感到比较焦虑。性格决定着孩子适不适合某个行业,以及在行业中能任职于何种职位。如果工作能发挥出孩子的性格优势,孩子的工作效率会比较高;如果工作不能发挥出孩子的性格优势,孩子在工作中可能会遇到很多不顺利的地方。价值观是取舍的底线,决定着某件事是否值得去做,以及在择业时选择什么样的组织机构。如果一个人做的事情跟价值观相匹配,他会很坚定;如果一个人做的事情跟价值观不匹配,他会很迷茫。例如,对于学习这件事,如果孩子的认知是学习很重要,孩子的学习动力就会比较强;反之,孩子的学习动力就会比较弱。

但是,在探索的过程中也会遇到许多阻碍,最为典型的就是自我同一性危机(也称自我同一性混乱)。处于青春期的孩子的一个重要任务便是解决自我同一性危机。自我同一性指个体组织自己的动机、能力、信仰及其活动经验而形成的有关自我的一致性形象。简单来说,就是一个人对"我是谁""我的未来是什么样子的""什么才是最重要的"等问题有连贯统一的认识。而自我同一性危机指对自我缺乏清晰的同一感，不清楚或回避考虑个人品质、努力目标、所扮演的角色以及价值观等课题，甚至无法"发现自己"。也就是说，孩子对"我是谁""我的未来是什么样子的""什么才是最重要的"等问题的认知很混乱。

"我是谁"指自我认识。在这个问题上，小孩子会说我是一个男孩或我是一个女孩，到了小学时期，孩子会说我是一个爱运动的男孩或我是一个爱跳舞的女孩。他们对自己的认识比较简单。但是进入青春期后，孩子会思考自己到底是一个什么性格的人。有些孩子会对自己在家外向、在外内向的性格感到疑惑。但是我们知道，每个人的性格都并非完完全全的内向或外向，内向的人在某些方面也会表现出外向的特质，外向的人在某些方面也会表现出内向的特质。孩子不清楚这一点，就产生了对自我认识的混乱。因此，"我到底应该是一个什么样的人""别人眼中的自己是什么样的人""别人会如何评价我"是青春期孩子经常思考的问题。

"我的未来是什么样子的"指职业探索。在这个问题上，小孩子的想法比较单纯。例如，小孩子在电视上看到宇航员之后会说自己长大也要当宇航员，并相信自己能成为宇航员。而青春期孩子对职业的探索更具体、更具有现实性,他们会将自己的能力与职业结合起来。例如,我上初中时向往三种职业:律师、外交官、刑警。律师可以在法庭上为受害人辩护,主持公道,我的语言能力很优秀,可以胜任此职业。外交官可以代表国家外出谈判,为国争光,我的英语能力很强,可以胜任此职业。刑警可以抓坏蛋,伸张正义,我的运动能力很强,我认为自己的能力与此职业相匹配。但是当初的我只是有职业目标,却并不知道通往这些职业的途径。现在,很多青春期孩子确实会根据自己的情况去探索职业,但需要注意的是,孩子不一定对自己有足够的了解,他们可能对自己的性格、兴趣、能力等做出了错误的判断,从而做出了不恰当的选择。家长要做的就是帮助他们正确地认识自己。

"什么才是最重要的"主要指价值观,包括金钱观、消费观、交友观、学习观等。青春期是一个人价值观形成的重要时期,非常容易受外界影响而发生人格扭曲。从历年的新闻中可以看出,青少年辍学、抑郁、自残、自杀、犯罪的数量都在逐年提升,这些情况的出现与青少年不稳定的价值观密切相关。因此,在此阶段,要助力孩子探索什么才是最重要的,做什么才是对的。

心理学家玛西亚认为同一性有四种状态：同一性扩散、同一性早期封闭、同一性延缓和同一性完成。

　　同一性扩散指青少年既没有对各种选择进行探索，也没有自我投入。例如，一个孩子注重及时享乐，认为考试成绩差也无所谓，虽然有时也对未来感到迷茫，但通常会用玩乐去掩盖这种焦虑。这类孩子缺乏清晰的学习和职业方向，没有明确的目标和价值观。心理学研究表示，长期处于同一性扩散状态的青少年不愿接受新的事物，内心是焦虑、抑郁和迷茫的。他们的自尊通常很低，对自己没有信心。

　　同一性早期封闭指青少年做出了自我投入，但没有进行探索，他们的人生常常由父母做出决定。简单来讲，就是很多孩子还没有进行探索，就已经投入了。例如，一个孩子长大后想当医生的原因是父母认为医生的社会地位高、收入佳，还便于照顾家人。没有进行探索就做出选择通常会导致两种后果，一是孩子只能保持一段时间的努力；二是就算孩子选择了某专业，也有很大概率不适应或不喜欢此专业。所以父母尽量不要因为自己个人的喜好去安排孩子未来从事的职业。

　　同一性延缓指青少年已经开始进行探索，但是仍未做出承诺，没有付出投入的行动。例如，孩子的某种动力被唤醒，开始对一些事物感兴趣，开始思考自己未来想做什么，但孩子还没有对特定目标做出承诺和积极投入。

同一性完成指青少年已经进行了探索，并且长期持续地进行积极投入。处于这种状态的青少年对自己有清晰的认识，明确自己的优点和不足，对未来有一定的目标，对学习、工作和生活有热情的投入，有较强的成就动机。例如，一个孩子的职业目标是成为刑警，他就会思考刑警到底是一个什么样的职业，未来应该选择什么样的大学和专业，以及现在要付出什么样的努力。

职业生涯的第三阶段：建立阶段（25—44岁）。

建立阶段的主要任务是确定职业选择是否正确，寻求适当的职业领域，逐步建立稳固的职业地位。这一阶段共包括两个时期：尝试期（25—30岁）和稳定期（31—44岁）。

在尝试期，个人在所选的职业中安顿下来。重点是寻求职业及生活上的稳定，但也可能因生活或工作上的若干变动而感到不满。

在稳定期，个体致力于工作上的稳固和实现职业目标，大部分人处于最具创意时期,由于资深往往业绩优良。

职业生涯的第四阶段:维持阶段(45—64岁)。

在维持阶段,个体逐渐取得相当地位,同时也需要面对新进人员的挑战。所以这一阶段的主要任务是开发新的技能,维护已获得的成就和社会地位,维持家庭和工作两者间的和谐关系。

职业生涯的第五阶段:衰退阶段(65岁以上)。

在衰退阶段,个体身心状态衰退,寻找新角色,发展非职业性质角色,减少工作时数,逐渐适应退休后的生活。

父母课堂

"吾生也有涯,而知也无涯。"正因为生命有限,知识无限,我们才更应该合理规划自己的人生,有目标地去学习知识。

职业生涯发展的5个阶段:①成长阶段。②探索阶段。③建立阶段。④维持阶段。⑤衰退阶段。

下篇

培养学习能力

> 学习的能力，不仅仅关乎解题考试的能力，更重要的是终身自主学习并解决问题的能力。

第7章

设定学习目标

> 一心向着自己目标前进的人，整个世界都会给他让路。

目标的重要性

做任何事情，都必须要有一个明确的目标。美国著名哲学家、文学家拉尔夫·沃尔多·爱默生曾经说过："一心向着自己目标前进的人，整个世界都会给他让路。"有了目标，就有了前进的动力；有了目标，也就有了坚定的信念。无数成功人士的事例都说明了这个道理。曾经有一位女孩小时候由于身体纤弱，每次跑步都落在后面，女孩因此很沮丧。妈妈对她说："不是第一名没关系，但是你要记住，下一次你的目标就是只追前一名。"在妈妈的鼓励下，女孩每次跑步时都努力追赶着前一名,逐渐地,她的跑步成绩进步了。接下来,女孩把"只追前一名"的理念延伸到学习上。她不急于求成,细化目标,每次进步一点点。后来,她考入北京大学,毕业那一年,被哈佛大学教育研究生院以全额奖学金录取。之后,她选择继续攻读博士学位,在读博期间,高票当选哈佛大学教育研究生院学生会主席,这也是该学院历史上首位中国籍学生会主席。这位女孩叫朱成,正是在坚定的目标和信念的引导下,她才一步步获得了成功。

目标还可以激发一个人的潜能,创造奇迹。新西兰人马克·英格里斯从小就把登上世界各大洲的最高峰作为自己奋斗的目标。在23岁那年,因为一场意外,他失去了双腿。但是,他并未因此绝望,反而更坚定自己的目标。24年后,经过40天的攀爬,英格里斯成为有史以来第一位登顶珠峰的双腿截肢者。他做到了大家都认为不可能的事情。

目标对人生有巨大的导向性作用。选择什么样的目标,就会取得什么样的成就,就会拥有什么样的人生。哈佛大学曾经对一群智力、学历、环境等条件都差不多的年轻人,做过一项长达25年的跟踪调查,调查内容为目标对人生的影响。刚开始的调查发现:在这些人中,27%的人没有目标,60%的人只有模糊的目标,10%的人有比较清晰的短期目标,只有3%的人有十分清晰且长远的目标。25年后,跟踪调查发现,他们的职业和生活状况发生了很大的变化。3%的目标清晰且长远的人一直朝着同一个方向不懈地努力,他们几乎都成为社会各界顶尖的成功人士,其中不乏白手创业者、行业领袖和社会精英;10%的目标清晰且短暂的人大都生活在社会的中上层,他们的共同特点是不断达成短期目标,生活状态稳步上升,他们成为各行业不可或缺的专业人士,如医生、律师、工程师等;60%的目标模糊的人有稳定的工作和生活,但也没有取得特别的成绩,他们几乎都生活在社会的中下层;而剩下27%的没有目标的人几乎都生活在社会的最底层,他们的生活过得很不如意,常常失业,需要依靠社会救济,并且喜欢抱怨他人、社会和世界。耶鲁大学的一项研究也证明了目标的重要性。研究者对应届毕业生做过一份问卷调查"你毕业后的目标是什么",统计结果表明:3%的学生有明确的目标,97%的学生基本没有明确的目标。20年后发现,这3%的人拥有财富的总和比97%的人财富总和还多得多。

总而言之,目标对个体的发展非常重要。目标可以给人动力,即使在人生路上遇到很多挫折,也有坚持下去的信念。

目标提供了衡量的标准,让人知晓自己的努力是否取得了成效。目标给人指引方向,让人们向着正确的道路前进。

设定目标的SMART原则

明确的目标是学习的第一步,也是成功的首要条件。在设定目标时,需要遵循SMART原则。

S是Specific,即具体化。只有用明确具体的语言,清楚地说明要达到的效果,才是一个恰当的、具体的目标。例如,"我要好好学英语"就不是一个具体的目标。"我想要英语成绩提高10分,提分的题型是阅读理解题",这就是一个具体的目标。目标越具体,越容易付出行动。

M是Measurable,即可衡量。目标的设定是可以被数据衡量的。例如,英语成绩提高10分需要孩子每天背10个单词或每天做1篇阅读理解。

A是Attainable,即可实现。目标应该在个体可接受的范围内,是个体经过一定的努力可以达到的。例如,每天背10个单词是孩子目前可以达成的。

R是Relevant,即相关性。目标一定要跟个体本身有很强的相关性。在考虑相关性时,可以思考两个问题:实现这个目标对个体有什么好处,没有达成这个目标对个体有什么影响。例如,孩子希望英语成绩提升10分,这是为了自己能有一个更好的总成绩。英语成绩提升10分的目标是与孩子紧密相关的。

T是Time-bound,即时限性,个体要在多长时间内完成目标。个体应设置一个时间轴,决定从什么时间开始,到什么时间结束。例如,孩子决定从9月1日开始背单词,到9月30日结束,在此期间总共需要背200个单词。

如何帮孩子设定目标

在设定目标上,家长要怎样帮助孩子呢?

第一个方法,使目标个人化。

首先,提供选择。家长要为孩子提供一些选择,比如让孩子自己决定每天背几个单词。这是为了让孩子在做决定时有自主性,让孩子感受到事情是可以由自己决定和控制的,这才能让孩子更有动力。

其次,提供选择的方式。例如,让孩子自己选择以什么形式背单词,以及每天什么时间段背单词。

最后,参与决策。家长也可以根据孩子目前的情况提出一些建议,跟孩子一起讨论接下来该如何做。

总而言之,家长要尊重孩子的自主需求,不要以控制的方式给孩子提要求,少用"必须""应该"等命令性语言跟孩子说话。

第二个方法,订立契约,公开承诺。

当孩子能自主设定目标时,我们可以跟孩子签订一个契约,把制定的具体目标写到纸上,让孩子签上自己的名字,然后将其张贴到孩子能经常看见的地方,以此来提醒孩子。

第三个方法,运用提示信号。

设定目标后,我们可以运用一些信号进行提示。在第二个方法中讲述的契约就是一种提示信号。

第四个方法,框定思维模式。

在设定目标时,通常有两种思维模式:进取型和防御型。进取型考虑的是做得好能得到什么,防御型考虑的是做不好会失去什么。例如,英语成绩提高会让自己更有成就感,英语成绩差会让自己被家长批评。这与SMART原则中的"相关性"意义相同。家长需要做的是,让孩子写出达成目标能得到什么和未达成目标会失去什么。得到和失去既可以是物质上的,也可以是精神上的。需要注意的是,无论孩子写出来的东西好坏与否,家长都不要去评判,不要试图指定目标或说服孩子。

第五个方法,目标感染。

孩子在成长过程中非常容易受到他人的影响。作为父母,我们需要反思一下,当我们督促孩子设定目标时,自己有没有目标呢? 自己的目标是否能让自己进步? 有一句话说得好:生命影响生命。我们的态度和行为都会对孩子产生很大的影响。所以,各位父母要以身作则,身体力行地去影响孩子,为孩子寻找榜样,多给孩子讲述榜样故事。

父母课堂

1.目标的SMART原则:①目标具体化。②目标可衡量。③目标可实现。④目标具有相关性。⑤目标具有时限性。

2.设定目标的方法:①使目标个人化。②订立契约,公开承诺。③运用提示信号。④框定思维模式。⑤目标感染。

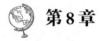 **第 8 章**

制订学习计划

> 人与人之间的差别,不是他们拥有更多时间,而是如何计划时间。大多数人的成就是在别人浪费的那些时间里取得的。

做好时间管理

制订计划的核心是时间管理,对待时间的不同方式决定着努力和能力的回报,管理时间就是管理人生。如何在制订计划的过程中做好时间管理呢?

第一个方法,每日任务清单法(To-do list)。

每日任务清单法就是将每天需要完成的事项逐一写下来,可以记录在一页纸上,随后根据这张清单,开展一天的努力。每完成一项任务后,便在清单上相应事情的旁边打钩,代表"已完成"（如表8-1和表8-2）。

表8-1　常用的To-do list模板1

No.(序号)	To-do(任务)	Status(状态)
1	背诵15个新单词,复习20个单词	√
2		
3		
4		
5		
6		

表8-2　常用的To-do list模板2

No.(序号)	Due Date & Time (截止日期与时间)	To-do(任务)	Status (状态)
High(高)			
Medium(中)			
Low(低)			

表8-1很简单,有序号、任务和状态三列内容。我们想一想每天要做的事情有多少,然后将其列出来,每完成一件

事就在后面标注一个对钩。表8-2在表8-1的基础上添加了一列截止日期与时间,将序号由数字变为了High(高)、Medium(中)、Low(低),这代表做事的先后顺序。例如,孩子今天最先要做的事情是写作业,那么就需要将其列入序号High中;接下来孩子还要复习之前学习过的科目,这是次要任务,将其列入序号Medium中;最后,孩子需要玩乐放松,那么就将这项任务列入序号Low中,并在每项任务后面标注上截止日期与时间。我们在开始尝试用每日任务清单法管理时间时,可以先使用简单的模板1,然后逐渐过渡到比较复杂的模板2。

每日任务清单非常具有实用性。

首先,任务清单可以帮助我们理清做事的头绪,避免遗忘。

很多时候我们之所以没有按照计划行事,是因为我们遗忘了计划要完成的事情,特别是在没有时间限制的情况下。我想很多人都有这样的经历:前一天晚上信心满满地决定好了第二天要做的事情,第二天早上起来之后觉得今天时间还有很多,便想着一会儿再做吧;到了中午,吃饱了午餐,感觉有点儿困,决定晚上再去做;到了晚上,想到今天忙碌了一天,有点儿累,直接去休息了。就这样,一天过去了,我们也没有完成计划中的事情。时间长了,事情一多,有可能就忘记了。而每日任务清单恰恰起到了提醒的作用,帮助我们理清头绪,避免遗忘。

其次,任务清单能让我们感受到充实和紧迫,提高做事儿的效率。

生活中有一类人看起来每天都很忙碌,但其实他们没有清晰的目标,经常临时找事情去做。而当我们把每天要做的事情清楚地写到任务清单上,自然而然就会有一种充实感和紧迫感,这能提高做事儿的效率。

最后,任务清单可以帮助我们积累成就,增强信心。

任务清单积累了一段时间后,我们可以看到自己在过去一段时间内完成任务的情况,了解到自己做了多少件重要的事情。任务完成了,可以助力我们体验到积极情绪;任务尚未完成也没关系,可以总结经验,继续改进,重新评估自己的目标和计划。随着时间的推移,每日任务的完成度一定会越来越高,计划也会越来越合理。

第二个方法,列周/月计划表。

短期目标是为长期目标服务的,如果只有每日计划,而没有周计划或月计划,也不利于目标的达成。因为每日任务清单主要是对短时间微观任务的实时规划和管理,周/月计划表是针对较长周期的规划,是对总目标进行分解的高效方法。

列周计划的方法可以参照表8-3。这是一个自学精进周计划表,是指在学校上课之外,孩子每天需要学习的内容。我们既不能走马观花地将所有学习内容都看一遍,也不能只学习一门科目。所以,我们可以将学习计划分为主修和辅修,假如周一至周五每天可以自由支配的学习时间是两个小时,那么其中一个小时要花费在主修内容上,另外一个小时花费在辅修内容上。周六和周日的时间比较充沛,可以安排两门主修科目。一周过去后,可以写一个周总结,总结本周的学习情况。

表8-3 自学精进周计划

学习计划	周一	周二	周三	周四	周五	周六	周日	周总结
主修	数学	英语	语文	物理	化学	数学	英语	
						英语	语文	
辅修	英语	历史	物理	英语	英语	文综	理综	
	生物	地理	英语	化学	政治			

列月计划的方法可以参照表8-4。这是一个月度目标计划表,目标为本月学习成绩进步20分。将这20分分散到不同科目上,一般由弱势科目入手,比如数学提升7分,英语提升8分,其他科目提升5分。那么,怎样才能使各个科目的成绩提上去呢?难度大的知识点很难在短时间内学透彻,而简单的知识点几乎没有提升的空间,此时可以从似懂非懂的知识点入手,然后找到相对应的题型,进行一些专项的训练。最后,依然要写一个总结,总结本月的学习情况。

表8-4　月度目标计划表

目标	科目	题型	方法	总结
进步20分	数学7分	几何证明	题型专练	
	英语8分	阅读理解	单词+阅读	
	其他5分	——	注重复习	

第三个方法,四象限记录法。

每个人都是身兼数职的多角色扮演者,不同角色的不同任务一定存在轻重缓急的优先级差异,我们应该把有限的时间和精力投入优先级最高的事情中。"优先级"的两个重要元素是重要性和紧急程度。而四象限记录法就是按照重要和紧急的两个不同程度来安排任务。四象限指时间的四象限

（如图 8-1），以一个孩子的学习生活为例，将孩子要做的事情按照重要程度和紧急程度进行分类：第一象限为重要且紧急的事情，如课堂学习、当天布置的作业、小测验等；第二象限为重要但不紧急的事情，如课程预习、期末考试、整理错题等；第三象限为不重要且不紧急的事，如玩游戏、看电影等；第四象限为不重要但紧急的事情，如帮老师收发作业、与同学谈心等。

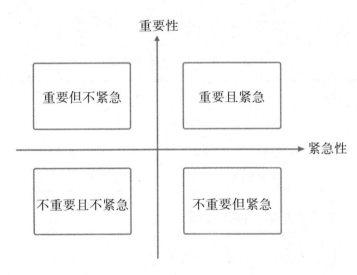

图 8-1　时间四象限

如何判断一件事情是否重要？首先，问自己：这件事是否和自己的学习或工作目标直接相关。其次，问自己：如果不做这件事，可能会造成什么影响，是否会影响其他事情的进展。最后,问自己:做了这件事,是否能让自己获得学习能力的提升。如果以上几个问题的答案都是肯定的,那么说明这件事非常重要。而对于一件事是否紧急的判断则是一个较为主观的行为,取决于个体的价值观和认知。

我们应该如何对待不同象限中的事情?要更加重视哪一个象限呢?

对于第一象限中重要且紧急的事情,应分配的时间比例为25%~30%,执行方法为立刻着手、尽快完成。这一象限中的事情越少越好,很多此象限中的事情都是因为之前没有抓紧时间,导致了原本第二象限中的事情被转移到了第一象限。

对于第二象限中重要但不紧急的事情,应分配的时间比例为50%以上,执行方法为提前启动、要有计划地去做。我们尽可能将一半以上的精力投资在这个象限上,提前完成重要事项,先紧后松。

对于第三象限中不重要且不紧急的事,应分配的时间比例为1%,时间越少越好,同样也要尽量少做。我们可以将此象限中的事情当作忙碌生活中的休息放松,但要注意预防沉迷。

对于第四象限中不重要但紧急的事情,应分配的时间比例为15%~20%,因为这一象限中的事情大多是在满足别人的期望和标准。我们要专注自己的主要任务,避免任何其他方面上冒出来的紧急事件耗费自己的时间。

制订学习计划时的注意事项

在制订学习计划时,有很多事项需要我们特别注意。

第一点,学习计划要井井有条。

在学习中要避免随遇而安、顺其自然的学习态度,不能想起什么就做什么,更不能临时抱佛脚。我们要分析自己目前存在的问题,比如哪些方面较欠缺,哪些方面有待提升,哪些方面必须尽快解决等。然后列出清晰的计划,安排好每一天的什么时间段做什么事情。井井有条的计划能让我们高效利用时间,倍速提升学习效率。

第二点,学习计划要长短结合。

在学习中,既要有长期计划,又要有短期计划,同时还要有临时计划。长期计划可以以学期为限,内容是大纲式的,不求详细。中期计划应以月或周为期,内容应该详细。短期计划以日为期,写出来之后也可以随时增添临时计划。

第三点,突出重点,兼顾整体。

每天的学习时间是有限的,但学习内容却是无限的。在制订学习计划时,要有主有次。每个人都有优势科目和弱势科目,优势科目要巩固,弱势科目要重点关注。对于会做的题,不需要耗费太多精力。对于不会做的题,需要多用心思考和学习。此外,还要重视对基础学科的学习。

第四点,重视周计划和日计划。

学期计划周期太长,离我们也比较遥远,此时要重视周计划和日计划,尽量详尽,做到一日一表或一周一表。

第五点,学习和生活要统筹兼顾。

不仅要制订学习计划,还要兼顾到生活上的计划,比如运动计划、娱乐计划、亲子计划。

第六点,及时调整计划,随机应变。

计划制订好了之后,并非不能改变。根据实际情况,既要灵活机动,及时调整;也要避免轻易大修大改,随意放弃。

我们还要定期检查学习效果，对原计划中不恰当的地方进行一些必要的调整。

克服计划中的障碍

当一个人在制定了目标和计划后，我们很容易给出这样的建议：别总想那些困难的事儿。往好处想，想想自己达成愿望后会获得的美好未来。例如，想象一下，减掉20斤之后你会变得多漂亮；完成这项计划后你会获得多大的成就；考了第一名之后会得到多少人的羡慕！我们认为这样会激发一个人的动力，可事实真的如此吗？"想"并不意味着"做"。心理学研究发现，如果一个人每天处于目标和计划会实现的幻想中，他反而会缺乏行动的动力。因为一个人在幻想时，他的心情是极度愉悦的。幻想所带来的愉悦感似乎会在我们脑海中形成美梦成真的假象，虚耗了我们的干劲，从而导致我们在现实中缺乏动力，无法应对困难。

这并不是说我们不能憧憬未来，但在憧憬未来的同时，我们也要一并想一想在达成目标和计划的过程中会出现的障碍。要知道，很多事情并不像我们预想的那样顺利，总会遇到一些困难。这个时候，我们需要找到那个妨碍自己达成愿望和解决麻烦的最严重的、内心的障碍。在这个障碍里，到底是什么想法和行为产生了阻碍作用？是不是某种习惯或先入为主的想法？在思索障碍的时候，人们往往会从外部寻找，把"罪名"扣在他们认为妨碍了自己的外部条件或其他人的头上。但是，如果外部障碍过大，我们就不会认为此愿望是"可以达成"的了。

因此，我们要用心思考可能会遇到的障碍，尽量生动形象地对其相关情况和经历展开想象。在找出了障碍之后，我们就会对自己的愿望、心事或生活中的某个方面有了一个新的、更清晰的认识。思考一下，要克服或规避这个障碍的话，我们能怎么做？想出最有效的想法和行动，将其牢记于心，然后想一想这个障碍下次将在何时何地出现。接着制订一个"如果……那么……"的计划："如果障碍A出现了，那么我就采取行动Y。"然后将这个计划重复一遍给自己听。也就是说，当你觉得任务清单上的任务对你有挑战性，你就把阻碍你完成任务的障碍列出来，然后找到克服障碍的方法，制订"如果……那么……"的计划。例如，如果我感到改变不容易或者不稳定，那么我就要加强持续学习。在这个例子中，"感到改变不容易或者不稳定"是障碍，"加强持续学习"是行动。再比如,如果我现在没心情写数学练习题,我就听一听冥想音乐,静心之后再写。在这个例子中,"没心情写"是障碍,"听冥想音乐,让心静下来"是行动。

父母课堂

时间管理的方法:①每日任务清单法。②列周/月计划表。③四象限记录法。

制订学习计划的注意事项:①学习计划要井井有条。②学习计划要长短结合。③突出重点,兼顾整体。④重视周计划和日计划。⑤学习和生活要统筹兼顾。⑥及时调整计划,随机应变。

第 9 章

高效的学习方法

正确、恰当的学习方法使学习效率倍增。

做好学习准备工作

心理调节

很多时候,造成学习失利的原因是个人的心理状态不佳,比如有畏难情绪,过于焦虑、紧张、厌烦等。因此,在学习前保持良好的心理状态很重要,良好的心理状态是成功的重要条件,能大大提高学习效率。

下面介绍两种调节心理状态的方法。

方法一:自我言语激励。

国外有个叫史泰利的小伙子,他比同事们取得了更多的业绩,被人喻为成功能干的人。

史泰利把自己的成功归于自我精神训话,他称这种自我训话是自卖自夸的广告。他说:"在我自卖自夸前,我和许多人一样觉得自己不中用,因此一无所成,穷困潦倒。而现在我了解我具备了成功的条件,我也成功了,而且将继续发展下去。"

其实史泰利的方法很简单。他每天固定做三遍自我心理训话,每次60秒钟。他把自己写的自我训话放在皮夹中,随身携带。他的自我训话内容是这样写的:

史泰利——一个重要的人物。

史泰利,你是一个思想远大的人,所以立下你伟大的理想,你有能力胜任重责,所以担负起重责来。

史泰利,你相信快乐、进步、成功,那么,只谈快乐、只谈进步、只谈成功。

史泰利,你的精力充沛,那么,表现在工作上,没有任何事儿能够阻止你史泰利,没有任何事儿不能成功!

史泰利,你具有热忱,把你的热忱表露出来。

史泰利,你看起来精神抖擞,感觉充满希望,常保持这种状态。

史泰利,你昨天是个了不起的人,今天会变得更了不起,往前进吧,史泰利,往前更上一层楼。

然后,史泰利一反常态,变得能干了,强大了,有勇气了,他获得了一个又一个的成功,成就了一番不凡的事业。

史泰利就是采用了自我言语激励的方法,每天做自我训话,每天在挑战前激励自己,给了自己极大的积极心理暗示,给自我带来了热情和力量。

自我言语激励具体怎样运用呢?

第一,明确自我发展的目标,包括长远和具体目标。

第二,参考史泰利的自我心理训话内容,结合自己的优点、长处写出自己的自我心理训话。

第三,每天有声有色地朗读几遍。

第四,每次只需要1分钟。

第五,不对他人公开。

第六,坚持训练,至少30天方可明显见效。

方法二:记日记。

曾经有一位高考状元在介绍成功经验时说:"为了保持热情,我每天都抽出一点儿时间写日记,针对学习的效果,给自己加油打气,然后精神饱满地迎接第二天的学习。"

每天抽出一点儿时间写日记,不写生活琐事,而是围绕学习目标,分析情况,肯定成绩,找出激励自己的语言和办法,适当鼓励和鞭策自己,以点燃热情,保持良好的心理状态。

生理调节

学习前也要保持良好的生理状态,使自己精神饱满、心情愉悦、思维清晰、注意力集中,这样学习效率会大大提升。

下面介绍几种调节生理状态的方法。

方法一:行为训练。

对生理状态的行为调节一般可以通过调整谈话的声音和速度、面部表情、眼神、身体姿势、呼吸等来实现。

不知道大家有没有留意过身边人的走路速度,一般走路速度较快的人,做事相对比较高效。给大家讲一件很有意思的事情,几年前我在济南的街头遇到一个走路非常快的人,因为我本身就是一个走路很快的人，这是我第一次见到有人比我还快，我很不服气，那个时候我看到有人走路比我快，就好像代表那个人比我优秀，这勾起了我的好胜心，于是我也加快速度，无形中跟他比拼了起来。

如果你希望自己处于良好的生理心理状态，那么你要训练自己的行为，使自己昂首挺胸、面带微笑、双目有神、双肩平直、呼吸深沉，保持较快的走路速度，这些生理行为会让你表现出有朝气、有活力、有信心、有力量。

方法二：保证睡眠。

充足的睡眠是保持良好生理状态的基础，是令大脑保持清醒的最佳方法，也是消除疲劳的有效方法。有些学生说自己晚上比较清醒，所以经常熬夜学习。但这往往导致第二天精力不足，处于昏昏沉沉的状态，反而耽误了学习。因此尽量保证充足的睡眠，根据身体状态，制定适合自己的作息时间表。

方法三：适当的休息。

学习时间久了，人一定会感到疲劳，适当的休息是非常必要的。一般来说，学习一小时左右就要安排十几分钟的休息时间。学生在学校时,要注重课间的十分钟休息时间,让自己身心放松一下。

方法四:积极参加体育锻炼。

研究发现,运动可以分泌多巴胺和内啡肽,让我们的注意力更集中,身心处于一个更健康的状态。

方法五:合理安排饮食。

科学膳食是使机体获得适量的营养补充,使个人身体健康、精力充沛、生理状态良好的基础条件。在安排饮食时,要注意避免营养不良或营养过剩。

高效的学习方法

学生获得知识的方法大部分时间都是在课堂上听老师讲课。同样的一节课为什么有的孩子收获很大,课后作业写得很轻松,而有的孩子在课堂上没有什么收获,作业完成起来很困难呢? 这就是学生的听课方式有很大差别,那么该如何正确高效地听课呢?

良好的听课方法是高效学习的基础

在听课之前,一定要明白听课的目的,主要有以下几方面。

第一，真正听懂。

我见过很多这样的孩子，当询问他们是否能听懂时，他们点头回应，表示自己听懂了；当询问他们是否能解答试题时，他们表示可以。但让他们真正去应用知识解答试题时，他们就不会了。这说明他们其实并没有真正听懂和理解课程的内容。

第二，抓住重点。

很多孩子表示老师讲的知识都明白了，但让他们回答时，他们好像又抓不住课程的重点。一节课之内必然有需要重点掌握的内容和只需要了解的内容，我们不仅要把课听明白，还得明确课程的重点内容。

第三，触类旁通。

听懂知识只是听课的一方面，关键还要会运用知识，将本次知识与先前学习的内容关联起来，举一反三。

第四，形成知识框架。

我们学习的知识是比较零散的，这时需要构建一个知识网络或知识框架，将知识串联起来，形成一个体系。打个比方，如果我们回到家之后将衣服、鞋子等物品随意摆放，那么等我们需要用的时候,便很难快速找到;如果我们将物品摆放得井井有条,那么找起来会非常轻松和迅速。知识也是一样的,知识处于散乱状态时很难提取和应用,当知识形成框架时,就能快速定位和应用。

第五,充分记忆。

听课不仅仅是听,还要记,把所学知识记牢固。

在听课过程中,我们需要做到专心致志,这样才能达到听课的目的。

首先,心态积极。

很多孩子在数学或物理等学科上成绩差有很大概率的原因是心态问题,他们觉得这两门学科太难了,自己一定学不会、一定听不懂。这种消极暗示会直接影响他们学习课程的效果。所以,上课前请多给自己一些积极的暗示:这节课我能听懂,这是让我进步和成长的一节课。

其次,尊师重道。

很多孩子不喜欢老师,缺乏对老师最基本的尊重,这样必然做不到专心听课。因此,只有先尊重老师,才能让自己认真听课。家长可以给孩子讲一些尊师重道的事例,帮孩子找到老师的优点,改变孩子对待老师的态度。

再次,自我控制。

上课过程中难免会走神,想让孩子的注意力在一节课中完全集中是很难的一件事,很少有孩子能做到。当孩子意识到自己走神时,要用意志力将自己的思绪拉回到课程上。

最后,边听边思考边自我提问。

古人曰:"读书有三到,谓心到、眼到、口到。"我认为还必须要有"手到",边听边记重点内容,边思考边自我提问,思考老师是怎么讲解这个知识点的,与哪些内容有关联,提问自己这个知识点是否听懂了、掌握了。

既然是听课,那么"如何听"是非常重要的,我们要善于倾听。

首先,耐心等待。

倾听的第一个重要原则是耐心等待。科学研究发现,大脑思考的速度比听觉听到内容的速度快6~9倍。换句话说,在同样的时间内,人们不仅仅能听到某句话,大脑还能思考许多其他内容。在听课时,由于大脑思考的速度快于老师讲课的速度,所以很容易在听课过程中不自觉地失去了耐心。

当我们知晓了这一点,就不会再觉得老师讲课速度慢了。所以,请耐心等待,跟随老师的节奏去听课。

其次,避免先入为主。

我认为超前学习有一个很明显的缺点就是让孩子误以为自己提前学会了很多知识,这会造成他在学校学习相同或相似内容时不以为意,他会以为自己已经学会了,所以不必再认真听课了,以至于错过了很多重要的知识点。所以,要保持空杯心态(如果想学到更多学问,先要把自己想象成"一个空着的杯子"),避免先入为主地去听课。

再次,避免情绪化。

带着情绪去上课是不可能做到认真听讲的。当情绪不佳时,要先放松下来,调整好情绪和心态。

最后,一心不可二用。

人很难同时做好两件事,只有在你对其中一件事情非常非常熟练时,才有可能做好另一件事。很显然,学习并非如此。因此,听课时请不要一心二用。

用对方法你也可以记得快、记得牢

记忆可以分为记和忆。记代表把某样东西记下来,忆代表需要某样东西时能将其回忆出来。打个比方,记代表在生活中把东西分门别类地归置,忆代表快速把需要的东西找出来。死记硬背相当于把东西随意放置,找东西时自然也就难且慢。一个好的记忆方法相当于把东西归类摆放,有利于我们快速找到需要的东西。

记忆术是一种高效的记忆方法,其要旨在于将两种知识或材料赋予一定的联系,从而提高记忆效果。被记忆的材料也许本身具有内在意义联系,但是还未被理解,或者材料本身缺乏意义或象征,也缺乏意义联系。在这种情况下,通过对材料进行编造或赋予一些人为的意义联系,或对材料加以组织,使材料形象化,能帮助我们快速有效地记忆它们。

运用记忆术有三个要点:使无意义的材料意义化,使抽象的材料形象化,将分散的材料串联起来。

常用的记忆术有位置记忆法、首字连词法、缩减法、谐音联想法、编歌诀(口诀)、形象联想法等。

位置记忆法是一种传统的记忆术,是指学习者在头脑中创建一个熟悉的场景,在这个场景中确定一条明确的路线,在这条路线上确定一些特定的点,然后将所要识记的项目全都视觉化,并按顺序将其和这条路线上的各个点联系起来。

回忆时,按这条路线上的各个点进行提取。例如,你需要记忆的项目是金枪鱼、洗发水、鸡蛋、矿泉水、邮票。现在你可以把居住的房间作为场景,你的屋子里摆放着一张床,床旁边有一个小柜子,然后是书桌和椅子,最后还有一个衣橱。接下来,你需要将记忆项目和房间内熟悉的物品按位置顺序建立联系。比如,一罐金枪鱼放在了床上,洗发水洒在了小柜子上,一盒鸡蛋放在书桌上,旁边的椅子上摆放了一瓶矿泉水,衣橱上贴了一张邮票。回忆记忆项目时,只需要按位置顺序提取即可。

首字连词法是利用每个词的第一个字形成一个缩写。例如,在记忆"爱国守法、爱岗敬业、关爱学生、教书育人、为人师表、终身学习"这几条道德规范时,可以尝试从每一个词中提取一个字组成"关爱教为终",其中的"爱"为两爱。

缩减法是指将识记材料的每条内容都简化成一个关键字,然后将其变成自己所熟悉的事物,从而将材料与过去的经验联系起来。例如,《辛丑条约》的主要内容包括清政府赔款;清政府保证禁止人民反抗;允许外国在中国驻兵;划分租界,建领事馆。那么,可用"钱禁兵馆"(谐音"前进宾馆")来记忆。

谐音联想法是利用相似的声音线索帮助记忆的方法,对某些无意义的材料加上某种外部联系,或赋予特定意义,这样易于储存,便于提取。利用数字的谐音编成顺口溜是一种常见的谐音联想法。例如,把圆周率"3.1415926535…"编成顺口溜"山巅一寺一壶酒,尔乐苦煞吾……"。

　　编歌诀(口诀)就是将记忆材料变成歌诀或口诀,达到朗朗上口易于背诵的效果。例如,在记忆中国省份时,就可以编成口诀。两湖两广两河山(湖南、湖北、广东、广西、河南、河北、山东、山西),五江云贵福吉安(新疆、黑龙江、江西、浙江、江苏、云南、贵州、福建、吉林、安徽),四西二宁青甘陕(四川、西藏、宁夏、辽宁、青海、甘肃、陕西),海内台北上重天(海南、内蒙古、台湾、北京、上海、重庆、天津),还有香港和澳门,爱我祖国好河山。

　　形象联想法就是利用形象或表象来帮助记忆。技巧是借助鲜明的形象进行丰富的想象和联想,使之达到增强记忆效果的作用。例如,在记忆汉字时经常会用到形象记忆法,记忆"攀"字时,可以理解为"一双手抓住陡峭山峰上的树枝和荆棘,使劲儿往上爬"。

　　记忆方法能帮我们快速地记住知识,但若想提高记忆能力,必须还要降低知识的遗忘率。德国著名心理学家艾宾浩斯对遗忘现象进行了研究,他绘制的遗忘曲线表明,遗忘在学习之后立即开始,最初的遗忘速度很快,识记后20分钟已遗忘掉41.8%,24小时后遗忘掉66%,两天后约遗忘掉70%,随着时间的推移,遗忘的速度逐渐下降,达到一定程度后就不再遗忘了。根据遗忘规律,在学习新的知识后,我们要合理组织复习。

第一,及时复习。

有这样一个实验,甲乙两组学生学习同样的材料,甲组安排及时复习,乙组不进行复习,以后分别隔一天、一个月和六个月后检查回忆的百分率,结果甲组三次检查成绩为88%、70%、60%,乙组三次检查成绩为75%、58%、38%。由此可见,学习之后如果不及时复习,那么大部分知识很快就会被遗忘。为了防止遗忘,我们要使复习抢在遗忘之前。一般当天学过的内容要在当天之内进行复习。

第二,合理分配复习时间。

在复习时要制订复习计划,合理安排复习的内容和时间,提高复习效率。有心理学家提出,通常在复习四五次后,被复习的材料才能进入长时记忆(在头脑中长时间存储的记忆)中。有效的复习时间安排如下:第一次复习在学习结束后的2分钟,可以利用课下2分钟时间将课上所讲内容回顾一下,复述所学知识要点、重点和难点等;第二次复习在学习当天的晚些时间或学习后的第二天;第三次复习在一周后,对当周学习内容要做一个阶段性的小结;第四次复习在一个月后,学习完一个单元或一章之后要进行总结性复习;第五次复习在半年后,进行更为系统全面的复习。

第三,分散复习与集中复习相结合。

分散复习是指在复习过程中把需要复习的材料分散在几个相隔不太长的时间内,每次复习一定的次数,到记熟为止。集中复习是指在一段时间内相对集中地复习一种材料。选择集中复习还是分散复习,一般视记忆材料的性质、数量、难易程度以及记忆已经达到的水平而定。较短的材料不宜分散复习。如果材料内容较多,分散复习的效果优于集中复习的效果,每一次学习时长最好不少于12分钟,否则效果就会大打折扣。另外,分散复习的时间间隔也需要注意,不宜过短或过长。

第四,运用多种感官参与复习。

多种感官参与复习可以有效地提高记忆效果。因为各种感觉通道不一样,同一内容就可以在大脑皮层中建立很多通道,这些通道彼此联系,记忆会更加牢固。科学表明:只靠听觉,会话通信每分钟仅能传达100个单词,而视觉传达的速度则比听觉快一倍,视觉、听觉同时起作用,传达的速度则是听觉的十倍。因此,在复习时要将多种感觉通道相结合,眼看、耳听、口读、手写相互配合,在头脑中构成神经联系,形成记忆痕迹,以后遇到一种刺激信号,就可以激活记忆痕迹,快速回忆出内容。

第五,尝试回忆与反复识记相结合。

尝试回忆是指个体在尚未牢固记住材料之前就试图进行回忆。反复识记就是一遍一遍地背诵。心理学研究表明,将尝试回忆与反复识记相结合,记忆效果会更好。例如,当识记了一部分知识点之后,合上书,将刚才识记过的知识点在头脑中回放一遍,在这个过程中,难免会遇到卡壳的时候(回忆不出来),这时候就需要再重新识记这部分内容。我们还可以利用散步、坐车的时间使用尝试回忆的方法,在头脑中问几个关于之前识记的内容的问题,要求自己回答。如果答不出来,就在回去之后立刻翻书巩固。

第六,掌握复习的量。

有的学生为了巩固记忆,会反复地去识记知识,但是,记忆效果并不与记忆次数成正比。这就告诉我们,复习要有"量"。这包括两方面的内容:一是复习内容的数量要适当,即一次复习内容的数量不宜过多;二是要进行适当的过度学习。过度学习是指记忆一种材料的学习或复习次数超过那种恰能背诵的熟练程度的次数。有研究表明,学习的熟练程度达到150%,即过度学习程度达到50%时,记忆效果最好,知识最牢固;超过150%时,记忆效果反而不再递增,并且很可能使个体产生厌倦感,使个体感到疲劳等。例如,当你背诵4遍才能够完整记住一首诗时,若想达到最佳记忆效果,还应再背诵2遍。

让孩子阅读有兴趣、有方法

阅读是获取知识的重要手段和主要途径。阅读能力的高低,直接关系到学生的理解能力、分析能力、应用能力以及表达能力的提升。高效的阅读方法可以助力学生对阅读产生兴趣,提高学生的阅读能力。

方法一:预测阅读法。

对于尚未养成阅读习惯的学生,可能在阅读书籍时会感觉比较枯燥乏味。此时,可以采取预测阅读法增加学生的阅读兴趣。当你拿到一本书或一篇文章之后,先不要急着去阅读,而是研究一下题目或开头,然后静思设想一下:如果这个题目由自己来写,将分为几个章节?会怎样组织结构体系?用哪些材料加以论述?将自己的设想写下来,再与原文进行对照,看看哪些地方不谋而合,哪些地方意见相左,哪些地方自己不得其解。相比之下,作者的写法有何益处,自己的想法有无独特之处,最后据此确定自己的阅读重点。

预测读书法不仅可以运用在读书之前,也可以运用在阅读过程中。例如,当你读到某一段落时,可以停下来,想一想接下来的情节发展,然后在后续阅读中加以验证。如果和作者的思路相差较大,可以思考一下作者为何这样写。在这个过程中,不仅会使学生对书中独到的见解留下鲜明的印象,还能使学生的思维处于活跃状态,提高学生的判断能力、分析能力和创造能力。

方法二:快速阅读法。

常用的快速阅读方式有扫读和跳读。

扫读是指对内容一目数行地扫瞄,在快速扫视中获得对书籍或文章的总体印象和整体理解。例如,在扫读一篇文章时,目光要先横后竖快速地移动,只扫描关键词语,抓住主要人物和主要情节。要想熟练地掌握扫读,平时可以做一些专门的视力和注意力拓展训练,如舒尔特方格。

跳读是指跳过一些无关紧要的部分而直接读取关键性内容。跳读与扫读不同,扫读是逐行、逐页扫视,而跳读则是有所取舍地跳跃式前进,只在那些最有价值的内容上停留,其他次要内容则大段或整页地略过。例如,可以在大标题、小标题、黑体字等关键处跳读,这些往往都是文章的中心题旨所在;可以在文章的开头、结尾,文中段落的首尾句跳读,这些一般是总结性的言语,往往也是议论文的主要观点或论据要点所在;对于记叙文,可以沿着情节发展线索跳读,直接略过全是景物和人物的大段静态描写之处;还可以根据结构词语来跳读,通过"总之""由此来看""综上所述"等找到关键内容。

方法三:厚薄阅读法。

著名数学家华罗庚倡导读书要有两个过程,一个是"由薄到厚",另一个是"由厚到薄"。

"由薄到厚"是第一步,是学习、接受和记忆的过程,也是知识不断丰富、不断积累的过程。初学一本书,最好逐字逐句地阅读,比如每个生字都要查字典,每个不懂的句子都要仔细分析,各种原理、定理和公式都要懂得由来和推导过程,重要的地方和难懂的地方可以加上自己的注解,通过查阅相关资料充实书本内容。这样可以使自己获得更丰富、更深刻的知识和见解，所读的书也就"由薄到厚"了。

"由厚到薄"是第二步，是指在深入理解的基础上，经过自己的思考，对书中的内容加以归纳、综合和概括，抓住书中精要部分和最本质的东西，使书本知识真正为自己所掌握。比如通过归纳比较表、网络图将孤立、零碎的各部分内容串联起来进行理解，从而弄清书中的主要问题和各个问题之间的关联，这就是"由厚到薄"的过程。

方法四：精读法。

精读是指深入细致地研读。我们可以采用五步读书法来阅读课本。

第一步，大致了解教学内容。课前，对老师将要讲解的内容粗略地浏览一遍，只需做到大致了解教学内容，不必一字一句地理解课文。

第二步，认真看书，吃透内容。课后，将老师讲过的内容对照着课本复习一遍，一定要在听课的基础上把内容吃透。例如，对于理科类科目，要重点掌握概念、定理、公式等的推理运用；对于文科类科目，要重点掌握文章的写作手法、所表达的思想感情等。

第三步,加深对概念定义的理解和掌握。在学习完一个单元或一个章节后,要从头到尾有条理、有次序地把这些内容看一遍,不要因为对知识有一定的了解就应付了事。

第四步,整理各章知识,找到知识间的联系。当学完一本课本后,要把整本书连起来通读一遍,找出各知识点之间的关联,理出头绪,对全书有一个整体性的了解。

第五步,粗略看一遍课本。考试前几天,抽时间粗略地翻看一遍课本,配合笔记,关注所学内容的重难点、一些概念性的知识,以及自己容易忽视和混淆的知识。

方法五:写读法。

写读指边写边读或读后即写的一种阅读方法。也就是说,我们要做好读书笔记。接下来,我重点介绍三种做读书笔记的方法:批注式、摘录式、提纲式。

批注式是传统的阅读方法,指在阅读过程中,对书中的内容用线条、符号或简洁的文字加以标注。例如,我们可以做一些基础性批注,用圈点或线条把内容勾画出来,比如划出来需要注意的生字词等;也可以做一些感受式批注,即记下读文章时的理解感受和困惑迷茫等；也可以做点评式批注，对文章内容写出自己的评价；还可以做联想式批注，写下自己在阅读此部分内容时联想到的其他知识。

摘录式就是把名言、佳句、事实、结论等内容，准确地逐字逐句抄录下来，这是积累资料的一种重要方法。

提纲式以记住书的主要内容为目的，是用纲要的形式把书或文章的论点或主要论据，提纲挈领地记录下来，或是按原文的章节和段落层次，把主要内容扼要地写出来。例如，在记录朱自清的《春》时，可列出提纲：《春》是一篇写景抒情的散文，文章分为三部分，分别是盼春、绘春、颂春，盼春总领全文、开启下文；绘春包括春草图（草报春）、春花图（花喜春）、春风图（风唱春）、春雨图（雨润春）、迎春图（人迎春）；颂春用三个比喻句结束全文。

仅仅会阅读还不够，还得让孩子乐于阅读，真正让阅读成为一种习惯。

第一点，选择正确的阅读方式。

错误的阅读方式是阻碍孩子养成阅读习惯的一个重要原因。记得我有一次在小学讲课，一位父亲在互动提问环节说自己的女儿在小学三年级之前挺喜欢阅读的,但是自己觉得她的阅读没有任何效果。我问他为什么会有这种感觉。这位父亲说:"我让女儿写个读后感,她总是写不出来,也不知道怎么写,所以我觉得她读书没效果。"我问:"当你这样去评价女儿的时候,你觉得她的读书的积极性高还是低呢?"父亲说:"积极性确实越来越低。"这就是一种错误的方式。家长需要知道的是,这些书中有孩子不感兴趣的,也有孩子读不懂的。如果家长长期要求孩子必须写读后感,这对孩子来说无疑是一种压力,会削弱孩子的阅读兴趣。当孩子真正读到一本很精彩很有趣且有用的书籍时,我相信就算父母不要求孩子写读后感,孩子也会主动跟父母分享。这时候,父母可以跟孩子说:"如果你能把刚才的分享和对本书的思考记录下来,那就更棒了。"孩子觉得一本书很好很重要,那就让孩子多写一点儿所思所想;孩子觉得一本书不好或没意思,可以让孩子一句话简单总结一下;如果孩子不想写读后感,也不要强迫他。

大家可以回想一下自己是否有这样的经历:某段时间突然觉得读书很重要,所以去买了很多本书,信心满满地认为自己可以阅读完这些书。但事实上,大部分人都没有做到,并且也没有养成阅读的习惯。这是为什么? 主要原因是刚开始读书时过于认真。例如,你拿到一本书开始阅读,读到七八页的时候发现有一个知识点需要联系前面的内容,但此时你已经记不清前文内容了,所以返回去重新读。读到十几页的时候发现又需要联系前文内容,所以又返回去重新读。如此循环几次,好不容易把一本书读完了,结果把书合上后发现一本书好像全都忘了,自己也没有什么收货。如果阅读多本书都是这种情况,那么读书的积极性和兴趣一定会越来越低。自己明明很努力地读书,但是读完之后就忘,此时可能会产生自我怀疑:我的记忆力是不是很差? 我是不是不适合读书? 读书真的有用吗? 当挫败感积累到一定程度,就不想再继续读书了。

我想问问大家:读完一本书之后必须要有收获吗? 必须要把书中的知识和道理运用到生活中吗? 我的答案是不必要。我小时候家里的生活条件不好,没读过太多课外书。大学毕业之后,我听到了俞敏洪老师的演讲,燃起了我对读书的信心。在刚开始读书的时候,我也觉得自己读的书好像没什么用,但读了一些名人传记之后,我发现所有的名人都强调了读书的重要性,因此我继续坚持读书,慢慢体会到了读书的乐趣。我认为一个人刚开始读书时就想要有很大的收获是很难的,因为一本书的基础构成一般是80%的理论与

20%的精华内容,我们没有良好的阅读习惯,也就没有形成提取20%精华内容的能力。我们一开始读了太多理论上的东西或是一些难以应用到实际中的东西,自然会感觉毫无用处,也很容易忘记。就算我们能提取部分精华内容,但理论跟实际相差甚远,只有结合自己的生活实践经验,运用独立思考的能力,才能把书上的东西运用到现实中。所以,在刚开始阅读时,没有必要去强迫自己或孩子必须从书中收获东西,这不利于养成阅读习惯。我们只需要多去阅读,慢慢积累,未来有一天当我们经历某件事的时候,也许就能应用上当初在书中所学到的东西。

第二点,创造良好的阅读环境,设置专门的阅读时间。

为什么很多人在图书馆中能静下心来读书,而在家里却做不到呢?答案很简单,因为图书馆的阅读环境好。怎样才算好的阅读环境?我们可以观察到,图书馆中的藏书量非常大,每个人都能从中找到自己比较感兴趣的书;图书馆中的大部分人都在读书,能起到一个榜样作用。

因此,要想在家里创造一个良好的阅读环境,最好也购买大量的书籍。有研究发现,如果家中适宜孩子所处年龄段阅读的书籍低于十本,孩子是很难去主动读书的。所以我建议家中应放置一个大书架,储备更多的书籍,营造一个整体的读书氛围。当孩子能看到这些书籍时,拿起来阅读的可能性会更大。然后也要在卧室、客厅等地点放置小书柜或小书架,上面放上几本书,让孩子和家长随处随时可以阅读。在书籍的选择上,可以根据孩子的兴趣来选择,比如孩子喜欢军事那就多买与军事相关的书籍;或者选择符合孩子年龄阶段的书,比如三至六岁的孩子适合读绘本;也可以选择对自己有价值的书,通过书的标题和目录去判断这本书是否值得阅读;还可以通过作者来选择书籍,比如让我选择心理学类的书籍时,我一定会选那些世界名校中心理学教授的著作。

在家中,父母要以身作则。在孩子读书的时候,如果父母也能共同读书,则会起到激励的作用。例如,在孩子婴幼儿时期,父母可以给孩子讲书;在孩子学龄期,父母可以跟孩子同读一本书;在孩子青少年时期,父母跟孩子分别选择适合自己的书籍,然后交流心得体会。在家庭中,还可以设置专门的亲子阅读时间,比如孩子和家长每天都拿出20分钟的时间一起读书,这既减少了外界其他事物对孩子的干扰,又有父母作为榜样一起读书,更容易使孩子爱上阅读。如果在这个过程中父母跟孩子一起去探讨、交流思想,孩子的阅读会更有收获。

第三点,增加孩子的见识。

见识包括见识榜样和见识世面。

一些人之所以能成为榜样,是因为他们在事业或学业上表现优秀,具有正确的价值观,他们一定会认同读书是重要的,能带动孩子爱上读书。

见识世面就是要让孩子多去见识外面的世界,让孩子在行走中多读书。比如,家长可以多带孩子旅游,让孩子去查阅一些资料,制订旅游计划,并请孩子当向导,邀请孩子讲一讲旅游地的历史、人文和景观。当赋予了孩子这样一份责任后,孩子也更愿意去跟家长讲述。接下来,家长要表达对孩子的认可和赞赏,孩子收获了读书带来的成就感,之后会越来越喜欢读书。再比如,当孩子在书中学习了历史人物、古文和古诗词之后,可以带孩子去历史人物的故居或纪念馆,带孩子去这些文章中描述的地方走一走。当孩子亲身体验之后,感受一定会更强烈。当我们想让孩子阅读某类书籍时,也可以先带孩子去与作者相关的地方参观,通过导游的讲解和实地感受,先让孩子对这位作者感兴趣、对当地的故事感兴趣,然后再带孩子回去阅读相关书籍,孩子的积极性会更高。

掌握做题方法,孩子学习更轻松

做题是学习的重要环节。通过做题,不仅可以检测学生对知识的理解程度,还可以进一步巩固所学知识,查漏补缺。每上完一节课或学完一节知识,都要去练习相应的习题。如何在有限的时间内高效地练习习题,达到事半功倍的效果呢?下面就介绍几个妙招。

第一,做题时要多思考。

很多同学都有这样的体验:课上老师讲的内容都听懂了,课本上的知识也看懂了,但就是不会做题。造成此现象的原因可能是审题不清,也可能是做题时没有认真思考,或者是对知识的运用不够熟悉、缺乏练习。那么,当拿到试题时,该如何做呢?首先,认真审题。多看几遍题目,逐字逐句地分析,弄清楚已知条件和未知条件,弄清它们之间的因果关系,明确题目要求。其次,思考这道试题所考察的知识点,哪些是自己熟悉的,哪些是没有把握的。再次,思考这道试题的解题思路。然后,同样的知识点,还可以有什么样的考察方法,以及同样的解题思路,还可以解决什么样的问题。最后,若自己不会做或做错了,要思考一下原因。还需要注意的是,只要是自己没有把握的试题,一定要标注下来,对照答案的时候,不管自己做得对与否,都要反思。要争取做一道题,就彻底把它的考点和思路弄明白。

第二,做题时要控制时间。

平时做题是不限定时间的,而考试是限定时间的。如果平时做题磨磨蹭蹭,经常在做题过程中去做其他事情,那么很可能导致我们在考试时完不成。所以,当我们写作业或练题时,要按照题量给自己规定完成时间,中间不能去做其他事情,就像在考场上一样。到了规定时间,马上停笔,然后对照答案。这样练习一段时间后,做题速度会提升,在真正考试时的心态也会更平稳。

第三,制作错题本。

准备一个专门的本子用来记录平时练习和考试时做错的试题。当然,并不是所有的题都需要写到错题本上,错题本上要记重要的、易错的题或知识。我们可以将本子纵向分成三栏,最左边一栏抄写或粘贴错题,最好将错题的出处、分值和扣分值也写下来;中间一栏写正确的答案和步骤;最右边一栏总结该题的题型、所涉及的知识点、解题思路和方法、错误发生在哪一环节或哪一步骤、出错的原因以及应当掌握的重点。需要注意的是,在总结出错原因时,不要写粗心、没有复习好、发挥失常等理由,要具体一点,比如审题出错、运算出错等。记录了错题之后,隔一段时间就要去看一看,每用完一个错题本可以整理一下里面的内容,把自己还未完全掌握的题重点标注出来,在那一页加个书签或是折个明显的角,如有需要,也可以将这些题另外整理到一个新的错题本中。

各学科的学习秘诀

如何学好语文

语文是所有学科中的基础性学科。语文学科的考点多,就识字来说,小学阶段要求识写2500字左右,初中阶段3500字左右,高中阶段5000字左右。语文的知识点范围广,就文学文化常识来说,几乎包含了"上下五千年"的内容。语文试题的答案弹性大,最具代表性的题型就是作文,作文一旦跑题,得分会非常低。

很多学生在学习语文时感觉无从下手。确实,语文的能力源于丰富的文化底蕴和长期的知识沉淀,临时抱佛脚很难提高语文成绩。因此,我们必须在平时多下功夫。

第一,学习语文要多读多背。

语言积累是学好语文的基础。读书不仅要量多,还要广博。高质量阅读需要学生注意常用词的用法和常见的句法结构,体会不同题材的文章在表达时的语言习惯。在理解的基础上,去背诵记忆。

第二,学习语文要多看多听。

多看多听指既看生活,又看书本,还要听历史和社会热点。例如,看看《中国诗词大会》《中国青年报》,提高语言表达能力;听听新闻,学会思考社会人生,了解时事热点;听听《百家讲坛》,了解历史和人文。

第三,学习语文要多写多分析。

在学习语文的过程中,很重要的一点就是培养语文素养,语文素养主要体现在阅读和写作上,具体表现为对一篇文章中作者想要表达的情感的感知能力。因此,写美文分析和读书笔记必不可少。平时,我们在赏析文章时,可以从四个角度入手:选材及主题、结构、写法、语言。选材及主题是指作者立足于何种角度去写文章或什么事启发作者去写这篇文章。结构是指谋篇布局的手段,比如总分式、并列式。

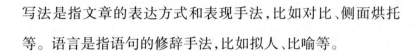

写法是指文章的表达方式和表现手法，比如对比、侧面烘托等。语言是指语句的修辞手法，比如拟人、比喻等。

如何学好数学

数学学科具有高度的抽象性、结论的确定性和应用的广泛性。要想学好数学，必须具备运算能力、空间想象能力和逻辑思维能力。运算能力是基础，空间想象能力主要用于立体几何中，逻辑思维能力指要对数学知识和问题进行正确、合理的思考。

第一，重视概念和公式。

正确理解概念是学好数学的前提。在学习时，要先阅读概念，记住名称或符号，然后背诵定义、掌握特性，举出反正实例，体会概念反映的范围，最后进行练习。

公式是解题的关键。数学公式具有抽象性，公式中的字母代表一定范围内的多个数字。在学习时，要记住公式中字母的关系，明确公式的来龙去脉和推导过程；能用数字验算公式，在公式具体化过程中体会公式反映的规律；还要掌握公式的不同变换形式。

第二，掌握数和形的结合。

数形结合是把数或数量关系与图形对应起来,借助图形来研究数量关系或者利用数量关系来研究图形的性质。例如,函数的图像、方程的曲线或数轴等是"以形示数",解析几何的方程、斜率、向量的坐标等则是"以数助形",导数更是数形结合的产物。数形结合可以使抽象的问题具体化,复杂的问题简单化。我们要进行大量的试题练习,养成数形结合的习惯,解题先想图,以图助解题。

第三,关注解题过程和思路。

解题的关键是从题目的语言叙述中获取符号信息,从题目的图像和图形中获取形象信息,然后运用公式、定理等进行计算和推理。解题过程的完整性会影响数学试题的得分,因此,解题过程的每一个步骤都要写清楚。数学问题的解决也是有规律的,我们要把相似的试题进行归类,同一知识点的不同考查方式进行类比,形成解题思路。

如何学好英语

英语与语文同属语言学科,包罗万象、涉猎广泛,需要记忆大量的词汇和语法;同时,与其他学科相比,英语也是一门实用的工具性学科,就像游泳一样,上手多练习是学习英语的最佳方法。

第一,单词是根基。

单词是英语的根基,多掌握1个单词,在考试中可能就多得1分。记忆单词有四种非常有效的方法:音形结合法、单词结构记忆法、语境法、重复法。

音形结合法是指英语单词的结合都是有规律的,比如单词的读音、单词字母之间的组合都是特定的、相对稳定的。举个例子,face中的ace就是一种固定的组合,当孩子掌握这种组合后,再学习新单词比如race、space时,很快就可以做到听音能写、见词能读。

单词结构记忆法就是利用英语的偏旁部首去记忆单词。当孩子了解了单词的偏旁部首,就能大致推断出词义的范围。例如,international这个单词由三个部分组成,前缀inter表示"在……之间、相互彼此",词根nation表示"国家",后缀al表示"……的",那么这个单词的意思就很好理解了,international的意思是国际的、多国的。由此类推,person的意思是个人,personal的意思是个人的,interpersonal的意思就是人与人之间的。

语境法是指学习单词时要依托于一个特定的语境。可以通过阅读来学习单词,将单词置于文章和例句中,结合不同的语境进行学习,并通过频繁地使用而记住这些单词。

重复法是指要限时定量地去重复单词。例如,制订好月度记单词计划和每日记单词计划,然后根据遗忘规律去重复背诵这些单词。

此外,英语词典是必备品,因为在阅读过程中可能会遇到"单词我都认识但这个句子就是读不懂"的情况,这时候就需要通过词典查看单词的多种释义。

第二,英语需要说出来。

英语是"象音"文字,发音和写法是一致的,怎么发音的,就怎么写。对语言类学科来说,会说也就意味着会语法。所以,要充分利用早读时间,大声朗读单词、短语、句子、文章段落。

第三,多背范文勤写作。

想要提高英语成绩,尤其是英语作文的成绩,必须要多背范文勤写作。在背诵范文中,去体会他人的表述方式和写作模式,甚至可以提取内容,将范文精炼为模板,写作时直接套用。练习写作可以采用仿写的方法,比如范文介绍的是猫,我们可以据此介绍其他小动物;也可以改写,比如将某篇

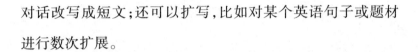

对话改写成短文;还可以扩写,比如对某个英语句子或题材进行数次扩展。

如何学好物理

物理学科非常注重逻辑思维,尤其是抽象逻辑思维、模型化思维。物理也是一门注重理解知识和运用知识解决问题的学科,对做题过程的要求要比其他学科高。对于物理学科的学习,一定要重视两点。

第一,抓好基础。

一定搞清楚物理学科中的定律(从实验中总结出来的规律)、定理(推导出来的结论)、现象(用定律和定理来解释现象)。对于每个物理量的定义都要先理解,然后再去记忆,知道它的意义、推导过程及单位等,避免出现混淆、记错的情况。以"速度"为例,我们需要知道速度是怎么定义的,它的物理意义是什么,它的单位是什么,它表示什么,它的定义方法是什么,用到的物理研究方法是什么。还要熟悉每个公式的适用范围及推导过程,自己要尝试着去推导。

第二,掌握物理模型,形成解题思路。

初中物理和高中物理有很大的区别。相对而言,初中物理比较直观,比如一个球被摁到水里,浮起来了,说明有浮力,说明浮力大于重力,这是非常直观的现象。高中物理虽然也有具体情形的描述,但要进行更抽象的思维,要有物理模型的提炼。比如把太阳看成一个点,进行大量万有引力定律的计算,这就是模型化思维。

做题的时候,一定要形成一个从定理开始的完整的逻辑链,也就是形成一个做题的思路。针对一个题目,首先要看是什么问题,力学? 热学? 电磁学? 还是光学……然后再明确研究对象,结合题目中所给的条件,找到相关的物理概念、定律、定理等。在解题时,要多思考自己为什么用这个公式,这个公式中的字母有什么含义。

如何学好化学

化学知识纵横联系复杂,概念性强,描述性内容多,知识点既多又散,需要记忆的内容也多;不仅研究物质变化时的宏观现象,还探究物质组成与变化的微观奥秘。因此,学习化学时需要注重将前后内容串联起来,明确学科体系,多背诵记忆。中学所学的化学知识基本涉及化学元素、有机化学、反应原理、化学实验四个部分。

第一，化学元素。

化学元素是整个中学阶段知识最琐碎的一部分内容，绘制物质转化图是学习化学元素的好方法。学习完某一种元素，要在纸上画一遍该元素所有相关物质之间的转化关系图，把所有能想到的相关物质都写进图中，并且思考每一步转化发生的化学反应条件。我的建议是先自己独立画框架图，一是印象深刻，二是能尽快发现自己的不足。画完之后，再翻书对照内容，查漏补缺。

第二，有机化学。

有机化学东西多，要学会按照一定标准分类，最普遍的分类方法是按照官能团划分，并且需要明白各类官能团之间是如何转化的。分完类后，要清楚了解每类物质具有的性质、会发生什么样的反应。这时可以自己画一张表，按照"什么样的结构是什么物质，什么物质有什么样的性质，什么样的性质导致什么反应"的逻辑归纳总结。

第三，反应原理。

反应原理这一部分最重要的是打好基础，把常考的概念理解透彻。反应原理的内容前后有很大的关联程度，在学习时要把各个原理之间的思路理清楚,多思考前后学习的内容之间有什么样的联系,以及是否可以相互解释。反应原理中还有一个重要的知识点就是考察条件变化时相应的物理量会怎么变化,对于这类问题要归纳总结。

第四,化学实验。

在化学实验部分,需牢记每个实验的目的和实验操作的细节,可以通过列表格的形式学习这些知识。此外,所有的实验操作都可以用理论知识来解释,所以一定要将实验和理论知识联系起来。

如何学好生物

生物是一门研究生命现象和生物活动规律的学科。生物区别于其他学科的一个显著特点是,无论研究植物还是动物、个体还是群体、现象还是本质,生物都是以生命为核心展开的,这就要求将生物学习与现实相联系。生物学科中的知识点相对松散,这就要求学生将其串联起来。

第一,建构逻辑体系。

生物的知识点多且琐碎,但关联性强,在学习完每一章知识后,要按自己的记忆方式,把各部分知识联系起来,制作知识网络。例如,以某一重要知识点为核心,通过思维的发散过程,尽可能多地把与该知识点有关的其他知识联系起来。同时不要局限在同一章节内,可以将分散在各章节中相关的知识联系起来。

第二,在现实中将知识具体化。

观察是获得生物知识的重要环节,我们可以在家中或其他地方观察动植物的形态结构、生长发育等,观察的同时练习课本知识;也可以用所学知识应用于生活实践,分析和解释一些生命现象;还可以用生活中的具体事例说明生物中的理论知识。

如何学好历史

历史学科内容多、知识点细,研究对象涵盖古今,尤以近代为主。

既然历史是以时间为线索的,那么我们就要建构知识体系和时空坐标,将一盘散沙式的知识点像串糖葫芦一样,串成一个知识链。例如,中国近代史分为旧民主主义革命时期和新民主主义革命时期。其中,旧民主主义革命时期的主要线索为侵略史、抗争史和探索史。侵略史包括第一次和第二次鸦片战争、甲午中日战争……每次战争都有起因、经过和结果。战争结果都是失败，并签订不平等条约，条约内容包括割地、赔款、通商、特权四方面。按照这种方式去学习和记忆，既清晰又高效。

对于历史中的同类事物，可以通过列表的形式对不同的历史年代进行对比。例如，就中国古代史来说，可以列中国古代农民战争表、中国古代文化表等。

如何学好地理

地理学科的研究对象主要包括自然地理环境和人文地理环境，综合性较强。虽然地理学科内容纷繁复杂，但几乎所有的地理知识都源于它在地图上的位置。在学习地理时，要做到看书与看图相结合，将地理知识一一在图上查找落实，并熟记。通过分析地图，认识地理特征、原理和成因，找到利用改造的途径。平时要多填图、绘图、背图，最终做到可以在头脑中重现地图上的知识。此外，还要注重将地理知识多与生活中鲜活的地理案例相联系。

如何学好政治

政治学科有一定的理论深度和严谨的逻辑结构，教材的抽象性和概括性较强,这更考察一个人分析问题和解决问题的能力。学习时要注意运用有联系的、全面的观点看问题,透过现象抓本质,理论联系实际。

对于政治学科中的每一个观点,我们都可以从三个方面去了解:是什么、为什么、怎么样。"是什么"指所讲的主题内涵是什么。"为什么"就是阐述这个观点的意义。"怎么样"就是用观点去分析问题。生活中,要养成使用政治知识的意识和习惯,比如看到身边的经济现象、政治现象、社会现象等,要有意识地自觉地用经济学、政治学、哲学的思想和方法去观察和思考。

向老师借力,让孩子学习不费力

古人云:"君子之学必好问,问与学,相辅而行者也,非学无以致疑,非问无以广识。好学而不勤问,非真好学者也。"这句话的意思就是,一个有见识的人,他做学问必然喜欢向别人提问请教。问和学是相辅相成地进行的,不学习钻研不可能发现疑难,不提问请教不能使知识广博。只是喜欢学习但不愿常常向别人请教,还算不上是真正爱学习的人。

在学习中难免会遇到一些难以解决的问题,因此,向老师借力是必要的,这也是一种寻求支持的学习策略。但是,很多孩子不愿意请教老师,这是为什么?有些孩子怕被其他同学笑话;有些孩子因为自己不出众,担心老师不愿意给自己讲题;有些孩子担心自己的问题很"弱智",会被老师看低;有些孩子是因为不喜欢老师。以上这些都是心态方面的问题,解决办法就是调整自己的心态。

如果孩子怕被其他同学笑话,我们可以跟孩子讲,学习需要独立思考,也需要不懂就问,老师很难根据每个学生的进度去讲课,有不明白的地方很正常,向老师请教也是一种重要的学习方法。此外,"笑话"你的同学往往是那些学习不努力、不会问问题的同学,与其说是"笑话",不如说是嫉妒或羡慕,因此,不必在意他们的看法,大多数同学一定会佩服那些敢于问问题的学生。

如果孩子担心老师不愿意给自己讲题,我们可以跟孩子讲,每个老师都会不自觉地关注出众的学生和上进的学生,问问题是上进的一种表现形式,如果有人主动去问老师问题,老师一定会非常开心。

如果孩子担心被老师看低,我们可以告诉孩子,每个老师都希望自己的学生能好好学习,老师不会因为学生问的问题简单而看低学生。但有一种情况可能会受到老师的批评，就是学生不经过思考就直接去询问老师。因此，我们可以在向老师请教时表明自己的理解思路以及具体的不明白的地方。

有些孩子表示自己不喜欢老师，我们可以告诉孩子，老师每天要面对很多学生，很难做到让每一个学生都喜欢和满意，难免会有做得不够周到的地方，我们要互相包容，可以尝试私下多跟老师进行沟通。

孩子应如何向老师借力呢？首先，准备好本、笔、问题清单以及自己对问题的思考。其次，要有礼貌，预约式询问。我们可以这样说："老师您好，我是××，我现在能问您一个问题吗？"再次，听老师讲解时要全神贯注，不懂就问。在问老师问题的时候，不管在教室还是办公室，一定有人来回走动，这个时候要集中注意力，不要被外界干扰，遇到不懂的地方随时询问。接下来，要在结束前请老师评估。这一步骤很关键。我们可以跟老师说："谢谢您的讲解，您能对我目前的学习状况进行一个评估吗？以我目前的学习基础和成绩，我应该做一个什么样的学习计划，重点训练哪些方面呢？"最后，做好记录和回顾。在老师解答完毕之后，我们一定要把刚才的内容，尤其是解题思路记录下来，定期回顾。

父母课堂

1.记忆方法:①位置记忆法。②首字连词法。③缩减法。④谐音联想法。⑤视觉联想法。

2.复习方法:①及时复习。②合理分配复习时间。③分散复习与集中复习相结合。④运用多种感官参与复习。⑤尝试回忆与反复识记相结合。⑥掌握复习的量。

3.阅读方法:①预测阅读法。②快速阅读法。③厚薄阅读法。④精读法。⑤写读法。

4.做题方法:①做题时要多思考。②做题时要控制时间。③制作错题本。

第10章

上网课我也能学得好

网课在未来也许会变成我们重要的学习手段。

在当下疫情不稳定的背景下,上网课也变成了诸多家长和孩子焦虑抵触,但又不得不面对的日常。亲子冲突、沉迷游戏、学习低效、成绩退步、学业焦虑、社交焦虑的现象比比皆是。谈到这里,估计会引起很多家长的感受共鸣:"我们家孩子目前就是这样,真是苦网课久矣,怎么办呢?"

有的家长说疫情过去就好了,孩子回到学校就好了。但是我想问大家,疫情结束,网课的学习方式是否真的会消失?相信大家心里也会打鼓吧,因为我们不得不承认当今时代已经是高度网络信息化的时代,是大数据的时代,即使没有疫情,上网课的这种学习方式也将会"愈演愈烈"!

所以,我们到底应该以什么样的心态去面对网课呢? 我认为,努力提升网课学习能力才是重中之重,而不是把上网课看成洪水猛兽而战战兢兢。

对于如何提升网课学习能力,我将从改变态度认知、构建积极网课环境、掌握多元学习策略三个方面来谈谈我的看法。

改变态度认知——换一种心态来迎接网课

心理学中的认知行为流派认为,焦虑会让我们出现逃避、回避的行为,焦虑会让我们对一件事情产生负面情绪,进而产生负面行为,这是我们认知上出现了问题,如果我们对某件事情能够改变态度、改变认知,我们就能很大概率缓解对这件事情的焦虑感。针对如何缓解当前家长和孩子关于上网课的焦虑,还是要以改变对网课的认知开始。我将从以下三个方面来谈一谈。

寻找上网课的意义

家长可以和孩子找个机会探讨一下在家上网课都有什么意义。

　　首先可以确保孩子的健康安全。毋庸置疑,这几年疫情反复,相比较学习,孩子的健康安全更重要,居家上网课也是学校为广大同学的生命健康着想。

　　其次网课可以提供学习弯道超车或保持优势的机会。相信大家都知道,在家上网课还要保证高效的学习是很难的,曾经有一个孩子跟我聊天,说上网课大家都在开小差,连他们班第一名都在网课期间打游戏。然后我引导他说,他们都玩游戏,如果你在努力学习会怎么样,孩子听后若有所思,然后惊喜地说:"那我不就可以偷偷地考到班级前十名了吗?"。

　　再有网课可以提高孩子的自学能力。我觉得是这是网课培养孩子最重要的能力了,试想一下,如果孩子在家上网课还能学好,这需要孩子具备设定目标、做计划、高度专注、自律、排除外界干扰等能力,这种能力不仅对于当下的学习大有益处,更是未来学习、事业发展的核心能力。调查显示,有很多在初高中被家长管控不玩手机的孩子,升入大学后,自控力极差,放飞自我,每天没有目标,浑浑噩噩,沉迷游戏,这难道不是培养"自学能力"的失败吗? 所以,我们应该利用上网课的机会培养孩子的专注力,认真听讲,完成作业,有目标,有计划,拥有自律的能力、排除干扰的能力、处理焦虑情绪的能力,这对于孩子的一生都至关重要。

和孩子一起对上网课进行利弊分析

一些孩子对网课学习抱有抵触的态度,对网课应付了事,网课学习就会变得更加没效率,甚至会影响回到学校的学习状态。请家长和孩子各找一张空白的 A4 纸,一起探讨并写出上网课的利弊,相信孩子们都会疯狂地吐槽,我们就是要让孩子尽情地吐槽,充分表达他们的想法。然后借着这个机会引导孩子换个角度想一想,相信孩子对于上网课的认知和态度都会有所改变。

下面是网课的利弊分析表,大家可以借鉴看看,当然也可以进行补充。

表 10-1　网课的利弊分析

利	弊
线上学习方式灵活	没有学习氛围
可以重复学习疑难知识点	不利于互动
线上名师授课	容易被电子设备分神
便于笔记整理	启动难
视听清晰	自控难
家里环境舒适	监管难
……	……

和孩子聊一聊不好好上网课的坏处

这一点非常重要,因为很多情况是孩子没有提前想到坏处,等到出现问题了,突然觉得无力改变,进而产生焦虑的情绪无法缓解,最终酿成了厌学、拒学的恶果。那么,不好好上网课到底会有哪些坏处呢? 我认为有以下几点:

第一,新课跟课困难。

可以问孩子一个问题:"面对一节高二年级的新课,是高二年级成绩中下水平的学生听得容易,还是一个初二年级的学霸听得更容易?"相信孩子大概率会说高二的学生。为什么? 因为新课的学习需要前面知识的积累和关联,初二的学霸毕竟有很多知识还没有学习。所以,如果网课落下很多知识的话,会特别容易导致后来的课程越落越多,以至于学习越来越没有信心。

第二,学习状态下滑。

任何一个行为的持续都会变成一个习惯,一个习惯的改变也需要几个月的行为持续,当然坏习惯要比好习惯更容易养成。所以在家上网课如果状态持续低迷并且没有及时调整的话,那么回到学校后的学习状态也会受到影响,出现听课和学习困难。

第三,容易沉迷网络。

沉迷网络有最基本的两个判断标准:第一个是每日上网时间超过6个小时;第二个是上网已经影响了正常的学习生活,比如作息黑白颠倒、厌学拒学或者和父母的关系恶化等。如果都符合的,就建议求助于专业的咨询师了。

第四,容易厌学。

网课学习的低迷状态,可能会导致作息紊乱、亲子关系变差、学习信心下降、情绪消极等,最终可能会变成厌学,甚至拒学。

第五,容易焦虑。

当孩子的状态越来越符合以上几点的状况时,孩子就会比较容易陷入心理危机状态,也就是虽然开始意识到问题的严重性,但想改变却无力改变,导致心理失衡。这个时候孩子如果没有得到有效的帮助,就会越来越焦虑,甚至出现较严重的心理问题。

构建积极网课环境

要想上网课更加高效,营造一个适宜的学习环境是相当重要的。有的人认为,在家里上课当然是怎么舒服怎么来,上网课最大的好处不就是自由方便、恣意洒脱吗? 如果看到这里的您也是这么认为的话,那我就要温馨提醒了:"在家里上网课也是要遵守一定'规矩'的。"

打造适于上网课的学习环境

我们上网课的物理空间也是有一定讲究的,绝不可随意选择,那么我们在选择上网课的空间时应注意些什么呢? 科学来讲,三个方面是一定要注意的。

首先,房间整洁明亮。

一般来说,可以选择一个独立房间作为孩子的专用学习空间,房间的卫生一定要做好,物品摆放要整齐,床上用品也要平展整齐,尤其注意房间的光线要充足,环境太暗会使人犯困。

其次,视听范围内无干扰刺激物。

网课的视听环境中,不要有干扰刺激物,比如零食、多余的电子产品、漫画书和任何其他干扰声音等。尤其家里有其他年龄小一点的孩子时,更是要避免小朋友在网课时间段内在专用学习的房间里玩耍。

再有,保持空气流通。

这一点非常重要,假如孩子学习状态好,还稍好一点,若是状态不好,那就会非常影响学习效果。因为室内空气不流通,容易让人有犯困迷糊的感觉,所以在上网课时,我们应该打开窗户,让空气流通起来,让孩子多多呼吸新鲜空气。

科学设置电子设备

用不同的设备上网课,孩子的学习效果也是不同的,所以我认为在选择上网课的电子设备时应注意以下几点。

第一,要少。

很多同学用一个设备听课,用另一个设备上网查资料,非常影响上网课的专注性。其实上网课选择一个电子设备就可以,其他资料尽量打印出来,使用纸质版,切忌用两个以上的电子设备,避免分心。

第二,要大。

尽量要用大的显示屏或者用电视投屏,显示屏幕大了也更容易吸引孩子的注意力,让孩子更专注于网课的内容。用电脑的话也要将其垫高,因为抬头学习比低头学习效果好很多,就像平时上课时,老师站在讲台上的感觉一样。而且这样对颈椎好,不会造成孩子驼背。

第三,要限。

在电子设备的功能设置方面,家长也应该跟孩子商量限制游戏等功能的使用权限。有一些电子设备是可以限制孩子下载软件的,具体做法可以上网查一查。当然前提是要和孩子协商一个规则,最好是书面签字。

积极调整自己的学习状态

孩子本身的状态对于强化网课的学习效果也是非常重要的,做好以下几点很有帮助。

第一点,作息规律正常。

首先要早睡早起,孩子处于生长发育阶段,充足的睡眠还是很重要的。其次饮食要荤素搭配,营养均衡,三餐按时按量,特别是早饭一定要吃。如果不吃早饭,不仅伤身体,还影响情绪,导致学习效率低下。

第二点,科学安排时间。

同学们可以按照学校的课程表,给自己制定一个作息时间表,什么时候上课,什么时候写作业,什么时候运动和娱乐,自己都可以安排计划好,然后用闹钟提醒自己,并严格遵守。

第三点,洗漱干净、穿着整洁。

尽管在家里,我们也应该在上网课前,把个人卫生准备工作做好。比如洗漱收拾,穿上整洁的衣服,有校服的话穿校服是最好的。因为很多孩子穿上自己认为漂亮帅气的衣服后,上网课时也会不由自主地关注别人对自己的评价,甚至边上网课边发朋友圈。

第四点,坐姿端正。

尽量选择像学校里那样的稍硬一些的椅子,因为太舒适柔软的椅子,孩子会怎么舒服怎么坐,坐姿会不够端正,反倒使注意力不集中。坐姿端正,有利于保持一个积极的学习状态,利于集中注意力,也利于体态的挺拔。

创建和谐的家庭环境

作为家里的其他成员,面对家里这个正在上网课的孩子,应秉持一个什么样的态度呢? 我认为应该注意以下六点。

第一点,多关注自己。

父母在家里一定要多关注自己,不要老是盯着孩子。很多父母过度关注自己的孩子网课上得怎么样,有没有在认真听课。有的父母看到孩子学习状态不好,忍不住想要批评唠叨,不顾孩子正在上课就立刻去告诉孩子,说你应该怎么做。这样反而使自己和孩子的情绪都变得焦虑或者感到愤怒。其实正确的做法应该是在孩子上完网课以后,和孩子坐下来认真地聊一聊。家里本来物理空间就很小,如果父母把很多注意力都放在孩子身上,会导致父母在家里无论做什么事情,都会对孩子的行为变得极其敏感,从而引发亲子冲突。

第二点,调整期待。

家长们一定要明白,上网课最重要的不只是学到知识,还要培养孩子的自学、自控的能力。能力是一种习惯化的行为方式,绝不是一朝一夕可以形成的,在形成的过程中也一定会出现波动,这都是正常的。父母要调整自己的期待,把期待放到孩子的进步上,或者说更关注孩子的努力和态度,而不是重点关注当下没有做好的地方。

第三点,接纳挑战。

孩子在整个的网课学习过程中,一定会遇到困难,会有做得不好的地方,作为家长,我们应该接纳,相信孩子会越来越好。

第四点,维护环境。

网课不仅仅是孩子的挑战,也是父母的挑战,父母要积极构建和谐的家庭关系和环境,尽量营造出轻松愉快的学习氛围。

第五点,监控、评估、反馈及调整。

孩子在网课的学习过程中无论是状态好还是表现一般,父母都要尽量用平和的语气,与孩子沟通交流。当父母营造出一个轻松愉快的交流氛围时,孩子才愿意沟通,当孩子愿意和父母沟通,父母才能和孩子建立链接,把发现的问题反馈给孩子,孩子才愿意自觉及时地做出调整。

第六点,增进亲子关系。

通过上网课还可以增进亲子关系。在家上网课增加了孩子与父母见面交流的时间和机会,只要在这个过程中父母尊重孩子、理解孩子,并与孩子一起面对挑战和困难,那么上网课不仅可以提升孩子的自学自律的能力,还能拉近孩子和父母的关系。

掌握多元学习策略

美国教育心理学家温斯坦教授曾经提出,善于用学习策略方法的学生是策略学习者,策略学习者擅长对自己的学习活动进行有效策划和调控管理,因而主体积极性发挥得好,自主学习能力强、学习效率高、知识结构良好、成绩优异,被称为聪明的学生。

本小节内容,就针对上网课中出现的启动难、自控专注难和监管难等问题来分享一下相对应的学习策略。

1.启动难,是指一想到即将要上网课就情绪低落,或者刚坐在上网课的屏幕前就毫无状态、情感消极。

这个时候建议在上网课前10~20分钟做一些运动,比如模拟跳绳、开合跳,或者最近超级流行的刘畊宏健身运动都可以,这样的运动可以刺激大脑分泌多巴胺,让大脑兴奋起来,更容易投入到接下来的网课中。

另一个方法就是慢呼吸。坐在椅子上,微微闭上眼睛,坐直但可以放松一些,然后开始慢慢地深呼吸,同时把注意力放在呼吸上,可以一边呼吸一边数呼吸的次数;也可以把注意力放在腹部的起伏上。这样的方式坚持5~10分钟,也特别利于把心静下来,提升听网课的效率。

2.自控专注难,是指在听网课的过程中注意力越来越不集中,不由自主地走神或者做其他事情。

针对这种情况教给大家一个好方法,叫作"再聚焦技术"。就是当你发现走神的时候,不用自责,也不用焦虑,只要让意志力把注意力再拉回来听课就好。当然,很有可能刚拉回来一会儿就又走神了。没关系,只要意识到自己走神了,就再把注意力拉回来。如此反反复复,经过一段时间,就会发现自己的注意力越来越好。

还有一个方法就是,听课时尽量让眼、耳、脑、手并用,尤其是脑和手。听课时,边听课边沿着老师的思路去延展思考,同时动手写写画画,在课本上画出老师讲的重点内容,尤其是重点内容的笔记和关键词要随时记录。

3.监管难,是指孩子在网课学习的整个过程中,没有目标计划,没有评估调整,更没有总结。

针对这个情况,可用的一个学习策略就是"每日任务清单法"。具体过程本书中有相关内容,这里不再赘述。重点要提醒的是,对每日完成的内容,一定要总结出来自己是如何做到的,然后把这个成功经验加强复制下去。对那些没有完成的内容,要总结一下为什么没有做到。是目标定得不合理,还是计划定得不适应,还是执行过程中受到了什么因素的影响等。问题出在哪里,就调整哪里。接纳自己进步与退步的波动性,只要持之以恒,就能养成好习惯,而后受益一生。

父母课堂

如何提升网课学习能力:①改变态度认知。②构建积极网课环境。③掌握多元学习策略。

改变态度认知:①寻找上网课的意义。②和孩子一起对上网课进行利弊分析。③和孩子聊一聊不好好上网课的坏处。

构建积极网课环境:①打造适于上网课的学习环境。②科学设置电子设备。③积极调整自己的学习状态。a.作息规律正常;b.科学安排时间;c.洗漱干净、穿着整齐;d.坐姿端正。

第11章

从现在开始行动起来

> 与其坐而论道,不如立而起行。

如何集中注意力

制定好了目标和计划,到了真正行动的时候,又会出现各式各样的问题。注意力不集中,也就是我们通常所说的不专心,是孩子在行动时普遍出现的状况,也是令很多家长头疼的问题。

注意力是指人的心理活动指向和集中于某种事物的能力。注意力不集中的主要表现为:好动,坐不住;心不在焉,想入非非,常常走神;拖沓,学习、做事质量低,效率低下。注意力不能集中通常有以下几种原因。

第一种原因,生理原因。

注意力的集中与否跟我们大脑当中一个叫额叶的区域高度相关。跟大脑其他区域比起来,额叶的成熟发展较慢,要到20岁后才发育完全。因此,年龄越小的孩子,注意力能集中的时间越短。3岁幼儿注意力可维持3~5分钟,4岁儿童可维持10分钟,5~6岁儿童可维持15分钟,7~10岁儿童可维持20分钟,10~12岁儿童可维持25分钟,13岁以上孩子可维持30分钟。

第二种原因,心理原因。

有些孩子注意力不集中是因为心理压力过大,产生了畏难情绪。例如,家长一看到孩子写作业磨蹭就再三催促,甚至训斥孩子。久而久之,你会发现孩子学习时愈加拖拉磨蹭,更加频繁地发呆、走神,注意力不能集中起来。这是为什么呢?孩子上课时可能有些知识没听懂,回到家写作业时发现很多题都不会,或者孩子在写作业的过程中难免遇到难题,一遇到难题或不擅长的科目,孩子很有可能滋生畏难情绪,如果这时候家长再因为孩子做错题或做题慢批评孩子几句,孩子内心就更害怕了。在写作业的过程中,孩子不断体验到挫败,被批评、被指责,自信心受到打击。再遇到一些难题时,孩子首先产生的想法是"我不会,我不可能做对,这太难了"。时间久了,在孩子心中,写作业变成了一件只会带来痛苦感受的事情。面对这样的情况,孩子能不去逃避吗?于是,孩子就变成了家长口中的"一写作业就走神"。因此,家长不要在孩子写作业时过于干扰孩子,请降低期待,减轻孩子的心理压力。

第三种原因,环境原因。

注意可以分为有意注意和无意注意。无意注意是没有预定目的,不需要意志努力的注意。例如,孩子正在写作业,门外突然发出一声巨响,注意力不由自主地被声音吸引。有意注意是有预定目的,需要一定意志努力的注意。例如,外面有很多小朋友在玩耍,孩子通过意志努力克服想玩的心情,仍将注意力集中在写作业上。孩子年龄越小,越容易被外界事物吸引,因为他们的注意主要是无意注意。比如小学低年龄段的孩子很容易被房间里的玩具或者是色彩鲜艳的东西吸引。如果家长在孩子写作业时来回走动,一会儿给孩子送杯水,一会儿给孩子拿点水果,孩子的注意力还能集中起来吗?因此,家长要尽量把孩子平时学习的房间布置得简洁一些,刺激物一定要少,同时也不要在孩子学习过程中频繁打扰孩子。

注意力是可以训练的,如何才能使注意力保持集中状态呢?

第一个方法,舒尔特方格训练法。

舒尔特方格是一种训练注意力的方法。在纸上画25个方格,格子内任意填写上阿拉伯数字1—25(如图11-1)。训练时,要求被测者用手指按1—25的顺序依次指出其位置,边指边读,施测者在一旁记录所用时间。数完25个数字所用时间越短,说明注意力水平越高。一般来说,7~8岁儿童按顺序找图表上的数字的时间是30~50秒,平均40~42秒;正常成年人所用时间为25~30秒,用时不超过25秒则代表专注力优良。在寻找目标数字时,注意力是需要高度集中的,把这短暂的高强度的集中精力过程反复练习,大脑注意力的集中功能就会不断地加固、提高。如果想增加难度,我们还可以在有外界环境干扰的情况下按顺序指出数字的位置,如果最后总用时仍然不超过25秒,说明注意力高度集中,专注力优秀。

7	14	24	19	6
22	11	2	13	21
9	1	5	10	3
17	8	12	25	23
20	15	4	16	18

图11-1 舒尔特方格

第二个方法,慢呼吸法。

当你不能静心、注意力不集中时,你可以坐直身体,然后让身体处于放松的状态,闭上眼睛,呼吸放慢,默数呼气或吸气的时间,尽量大于5秒,就这样专注于呼吸,练习2分钟左右。如果练习之后还不能静心,可以继续练习2~3次。慢呼吸法随时随地都可以应用。

第三个方法,番茄钟工作法。

若想使用此方法,我们要先准备1个计时器、1支笔、1份番茄钟工作法记录表(如表11-1)。然后,确认当天需要以番茄钟工作法完成的所有事情,并基于优先级确定执行顺序、时段和大致用时。将番茄钟时间设为25分钟(一个番茄钟的时间一般为25分钟,也可以根据个人的注意力情况进行调整),专注学习或工作,中途不允许做任何与该事情无关的事,直到番茄时钟响起再进行短暂的休息(5分钟就行),然后再开始下一个番茄。例如,今天要完成的事情是写完数学作业,我们将其记录在记录表的第一列,预计完成此任务需要75分钟,那么就记录3个番茄钟数,完成任务之后,把实际使用的番茄钟数记录下来,并在后面打上对钩。

表11-1　番茄钟工作法记录表

事件	今日总番茄钟数		日期:2021.10.16
	预计番茄钟数	实际番茄钟数	记录
写完数学作业	3	3	√
今日任务完成小结			

应对拖延,我有妙招

拖延可以说是行动的最大阻碍。拖延往往源于焦虑,做事拖延的人会逃避应对,敷衍任务或干脆放弃任务,对最后期限感到有压力,常常怀疑自己,容易产生内疚感。

人们到底为什么爱拖延?

第一个原因,自我怀疑。

爱拖延的人的自我效能感比较低,他们认为自己比别人差,常常认为自己没有能力做好某件事。例如,有些孩子在做一件事之前,会先在心里对自己说:"我不行,我不会,我肯定做不到。"既然做不好,那就往后拖延吧。

第二个原因,追求完美。

有些人过于追求完美,一心想把事情做好,结果最后也没有完成本来要做的事情。例如,老师给孩子布置了任务,孩子一心想做成一个完美的方案,便在各个环节找不足之处,反反复复地去修改,结果期限到了,方案还是没有完成。

第三个原因,害怕失败。

有些人总担心会将事情搞砸,害怕自己一旦做不好会面临不愿承受的后果,所以一直在拖延。例如,很多孩子本身学习成绩较差,学习进度跟不上,题也不会做,努力之后依然失败了,所以导致了焦虑和拖延。

第四个原因,害怕成功。

有些人害怕的不是成功本身,而是成功之后带来的巨大的关注和责任。他们害怕承受更大的压力,所以选择了拖延。我给大家讲一个真实的案例,曾经有一位家长跟我反映自己的孩子不努力,成绩只能排在班级中游。我跟孩子聊天时,询问道:"你觉得自己有没有能力考到班级前列?"孩子说:"只要我努力学习,很轻松就能考到班级前列。"我很惊讶:"你为什么不努力考到呢?"孩子说:"一旦我考到前几名,

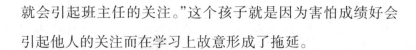

就会引起班主任的关注。"这个孩子就是因为害怕成绩好会引起他人的关注而在学习上故意形成了拖延。

第五个原因,厌恶任务。

当一个人面对不喜欢又必须要做的任务时,一定会感到焦虑,会拖延。

认知行为疗法是应对焦虑和拖延的一个非常有效的方法。认知行为疗法的基本观点就是个体的想法会影响他的情绪,他的情绪决定他的行为。如果能改变想法,就可以改变感受,从而影响行为。要想克服拖延,就得先改变那些让我们陷入焦虑的消极想法。现在,我们来认识一些常见的被曲解的想法,这也是我们容易陷入的思维陷阱。

• 黑白思维:指用两极分化的观点来看待世界。比如,别人请你做一件事情时,你认为自己完全不值得信任,这就是绝对的黑白思维。担心自己能力不足是一个很正常的想法,但不能完全否定自己,你可以认为自己在某些方面不值得信任。再比如,有些孩子在考试结束后常常会说:"我考砸了。"但在我看来,考试并没有"考砸"这一说法。我们可以说某一科目没考好或者某些题型没答好。"一丑遮百美"也是一种黑白思维,这就像某些父母看待孩子一样,只看得到孩子的缺点,看不到孩子的优点,因为一件事件就断定孩子太糟糕了。

· 过度概括:指基于经验对整体做出推论,想法中容易出现"总是"或"从不"等词语。例如,"我总是做错事情""我从来都没有被关心过""我从未被表扬过""我总是运气很差"。我们可以想一想,假如一个孩子认为自己写作业从来都没有很快写完过,他能不拖延吗?

· 预言:指主观地预测/确信下一步将发生什么。例如,"我会被拒绝"就是一种预言。孩子为什么到了青春期之后不愿意跟父母交流?因为很多孩子认为父母一定会把自己骂一顿,父母一定会拒绝自己。在事情还未发生时,孩子就已经想好了负面的后果。"这件事毫无意义""这个目标我完成不了""我做了也不会被看见"都是会让人陷入焦虑、导致拖延的想法。

· 读心术:指猜测他人的想法,主要是猜测他人对自己的消极看法。例如,"我的同学都在议论我的坏话""周围人都知道我有很多缺点""老师是不会关心我这个差生的""我爸妈都很嫌弃我"。在与别人聊天的过程中,我发现很多人都存在一种想法:"如果这件事情做得不好,别人会看不起我,别人会嘲笑我。"这个时候,我会反问他们:"当你做得不好的时候,你觉得会有很多人关注你吗？你觉得别人会关注多久呢？"现实是，就算我们的某些方面引起了别人的关注，这种关注也不会持久，因为没有人会把精力一直放在其他人身上。

· 灾难化思维：指把小问题放大成大灾难。例如，"我如果被公司裁掉，我的生活就全毁了""如果被当众批评，我就没脸见人了""如果没考上理想学校，我将永远活在悔恨中"。有些父母为了让孩子重视和改正问题，常常把孩子的问题无限放大，这种做法反而会激起孩子的逆反心理。

· "如果"思维：指用未来发生坏事的想法吓唬自己。例如，"如果考砸了，怎么办""如果演讲紧张忘词了，怎么办""如果还是做不好，怎么办""如果学不会，怎么办"。

· 心理过滤：指忽视积极因素，选择情境中消极的部分，并沉浸其中。明明发生了一件好事，却还只关注消极因素。例如，具有心理过滤思想的人会说："这都是因为运气好，我个人没那么大的本事。"发生了一件坏事，也看不到其中的积极因素，只沉浸在消极因素中。例如，本次考试成绩不佳，具有心理过滤思想的人看不到自己做得好的地方，他们会说："为什么会做的题我都做错了？"在生活中，父母也经常这样看待孩子。孩子考试得了98分，父母看不到孩子已获得的成绩,一定要去质问孩子为什么没得到另外2分。在这样的教育下,孩子很容易产生焦虑情绪。

• 低估自己:指告诉自己无法应对那些困难、挑战和阻碍。例如,"我做不到""我不善于挑战有难度的事情""我无法接受失败"。

• 包含"应该"的表述:指自己严格规定了自己和这个世界应该是怎样的,这些表述让人感到压力、急迫和紧张。如果一个人为自己设定了"应该"要怎样的目标,那么他将会体验到内疚感,并且认为自己能力不足。例如,"我应该考全班第一名""我应该是人人羡慕的那个人""我做的方案应该是完美的""我应该不鸣则已,一鸣惊人""我的孩子应该是最优秀的"。当一个人过于追求完美时,很容易掉入这种思维陷阱。

如何改变上述想法,从而有效应对拖延行为呢?

第一步,识别焦虑/被曲解/消极的想法。

我们可以做一个表格,将自己面临的情景、感受、焦虑/消极的想法列出来(如表11-2)。以我的经历为例,在我读研期间,临近交论文时,每次老师一强调研究生论文初稿提交日期,催促大家尽快写完,以及告知大家要保证论文字数在3万字以上且论文能被导师审核通过时,我就感到焦虑。那么,是什么样的想法让我对这件事感到焦虑呢? 首先,我觉得自己很难完成3万多字,因为我书写能力较差。其次,如果放弃或者论文没有通过,就要延迟毕业,拿不到毕业证是一件很丢人的事情。最后,我觉得我的论文内容应该促进公司的发展,这样才算有价值。

表11-2 焦虑/消极的想法

情景	感受	焦虑/消极的想法
老师每一次强调研究生论文初稿提交日期,催促大家尽快写完,字数保证在3万字以上,要通过导师审核	焦虑	①我觉得自己很难完成3万多字,因为我书写能力较差 ②如果放弃或者论文没有通过,就要延迟毕业,拿不到毕业证很丢人 ③我觉得我的论文内容应该促进公司的发展

第二步,标记想法中被曲解的部分。

当我们找到了令自己焦虑的情景和由此产生的焦虑/消极想法后,我们就要去找到这些想法中被曲解的部分,也就是识别思维陷阱(如表11-3)。

表11-3　识别思维陷阱

情景	感受	焦虑/消极的想法	识别思维陷阱
老师每一次强调研究生论文初稿提交日期,催促大家尽快写完,字数保证在3万字以上,要通过导师审核	焦虑	①我觉得自己很难完成3万多字,因为我书写能力较差 ②如果放弃或者论文没有通过,就要延迟毕业,拿不到毕业证很丢人 ③我觉得我的论文内容应该促进公司的发展	①低估自己;黑白思维 ②灾难化;心理过滤;"如果"思维;读心术 ③包含"应该"的表述(追求完美)

第三步,理性反驳。

这一步非常重要,我们要通过事实和证据理性地去反驳那些被曲解的想法。理性反驳的方法包括核查证据、制定备选方案、去灾难化思维。核查证据是指核查事实是否真的如我们所想的那样。我们可以想象出事情的最坏结果,根据这个结果提前做一些准备,制定备选方案。去灾难化思维是指我们要觉察事情真的如我们所想的那么严重吗,是否是我们把灾难放大了。

在这一步中,我们要用"理性反驳"进行自我提问,问题有九种。

· 我能100%确定我会失败吗?

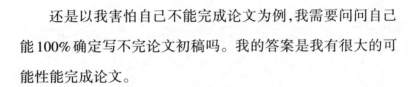

还是以我害怕自己不能完成论文为例,我需要问问自己能100%确定写不完论文初稿吗。我的答案是我有很大的可能性能完成论文。

• 曾经有多少次类似的失败? 如果有,请列出来。

问问自己为什么会觉得做不了这件事,过去有很多类似的失败经历吗? 当你细细回想时,会发现自己并没有太多失败的事实和证据。

• 过去是否完成过相关的成就事件? 如果有,请列出来。

当我因为写论文而感到焦虑时,我回想到自己在小学和初高中阶段的作文成绩很优秀,我在几年前做过作文指导老师的工作,获得了全国创新作文大赛指导老师一等奖,我认为自己有一定的写作能力。在清华大学学习积极心理学时,若想取得专业认证,也需要通过实习、论文答辩等,我依然通过了。通过对相关成就事件的核查,我成功转变了自己的消极想法,我对完成论文充满了信心。

• 我需要做到完美吗,这可能吗?

人人都想要做到完美,但是世界上并不存在完美的事情。追求完美的人通常抱有"我应该……"的信念。在反驳

此信念时可以把"应该"替换为"希望"，例如，把"我考试应该
得100分"替换为"我希望考试得100分"。追求完美的人还
会担忧不确定的事情。此时要反驳自己：世界本身就是不确
定的，正是因为不确定性，才能获得更多的成长机会。就算
我做不到完美，也能从中学到许多东西。

• 这次失败对我来说真的那么重要吗？会决定我的未
来吗？

曾经有一个妈妈在向我咨询时说自己的孩子正处于初三
阶段，可是孩子现在辍学了，自己担心孩子上不了高中，非常
焦虑。我问她："几个月后，孩子没考上高中，请问会发生什么
事情？"这个妈妈说："上不了高中怎么上大学，考不上大学，未
来就找不到一个好工作，孩子的人生就毁了。"我们可以看到
这个妈妈的思维模式就是灾难化思维。我回复她："孩子没有
考上高中还可以去上职高或技校，学习之后依旧可以考大
学。"很多事情都有解决的方法，不要把事情灾难化。

• 最坏的可能是什么？

把失败后最坏的结果一一列出来，审视一下自己可能会
面临什么样的后果。例如，孩子辍学在家，很大可能无法进
入高中。

• 我可以做什么来应对这个情况？

假如最坏的结果出现了，那么能做什么去应对呢？例如，孩子没有考上高中，那么可以选择职高或者技校，等等。

• 就算失败了，我是否能学到什么？

我个人很喜欢一句话：人生没有失败，不是"得到"，就是"学到"。"得到"是指达成目标，获取成功；"学到"是指虽然未能达成目标，但一定能从这次经历中学到一些东西，人就是在不断地试错中发展能力和获得成长的。

• 如果我的朋友有这种想法，我会对他们说什么？

我们在劝导别人时往往很理智，能想到实用的建议，但自己遇事时容易过于悲观或灾难化。因此，我们可以换一种方式去思考，如果自己的朋友有焦虑/消极的想法，我们会怎样去安慰、会给出什么样的解决方法。

第四步，尝试面对。

在这一步中，我们可以反复练习第三步中的理性反驳话语，形成一种积极的心理暗示，进而改变想法和信念。我们把大目标分解成一个个小目标，真正行动起来。当我们迈出第一步后，会发现接下来的路途没有想象的那么艰难。

第五步,提高技能。

当我们能用理性的信念去尝试面对目前遇到的事情后,要有意识地觉察四个问题:我擅长的事情是什么? 我误以为自己做不好的事情是什么? 我不擅长的事情是什么(对不擅长的程度进行1~10分的评分)? 我可以提升哪些技能? 然后通过反复练习、参加培训、向他人学习、求助他人等方法来提升自己的技能。

提升自控力的好方法

自控力是一种控制自己的注意力、情绪和欲望的能力。一些研究表明,自控力比智力更能预测一个人的学业成绩。自控能力弱成为阻碍我们行动的一个重要因素。该如何提升自控力呢?

第一个方法,增强自我意识。

大脑前额皮质可分为三个区域,分管"我不要""我要做"和"我想要"三种力量。"我不要"是一种控制自己抵御诱惑的能力,它能帮助个体克制一时的冲动。例如,当正在减肥的你面对许多美食时,"我不要"的力量能阻止你去品尝美食。

"我要做"是一种忍耐痛苦并坚持下去的能力,它能帮助个体处理枯燥、苦难、充满压力的工作。例如,当正在参加800米跑步体测的你坚持不住时,"我要做"的力量能让你继续跑下去。"我想要"是牢记长远目标,不被干扰和诱惑的能力,它会记录你的目标和欲望,决定你真正想要的是什么。例如,对于一个正在减肥的人来说,美食并不是他真正需要的,拥有一个苗条的身材才是他真正想要的。

但是,有时候这三种力量会失效,我们依旧控制不住自己,这是为什么?当我们意识不到自己当下做的事情需要意志力或自控力的时候,大脑就会默认选择最简单的事情,比如无聊的时候下意识地玩手机。所以想要有更强的自控力,就得有更多的自我意识。也就是说,当我们做一件事的时候,我们必须能意识到自己在做什么,也知道为什么这样做,如果没有自我意识,自控系统将毫无用武之地。例如,很多人一刷短视频就停不下来,请大家想一想自己在刷短视频的时候有自我意识吗?能意识到自己此时此刻正在看视频吗?很多人都会在睡觉前随手拿起手机开始玩,这其实是一种失控的状态,是一种无意识的动作。若想要很好地控制自己不要长时间刷视频,我们在点进视频软件之前就要意识到"我现在要开始看视频了"。

　　增强自我意识的一个有效方法是冥想。研究显示,刚学会冥想的人,大脑里负责控制注意力、排除干扰、控制冲动的区域增加了许多类神经元,持续八周的日常冥想训练可以提升人们日常生活中的自我意识,相应大脑区域里的灰质也会随之增多。

　　专注呼吸是一种简单而有效的冥想技巧,它不但能训练大脑,还能增强意志力,它能减轻你的压力,指导大脑处理内在的干扰(比如冲动、担忧、欲望)和外在的诱惑(比如声音、画面、气味)。我们每天做五分钟的冥想练习即可。冥想时需要一个安静的环境,找一把你的脚可以舒服触地的椅子,或盘腿坐在垫子上,坐起来,背挺直,放松肩膀,双手放在膝盖上。简单的静坐对于增强意志力的冥想训练至关重要。此时,闭上眼睛,要是怕睡着,可以盯着某处看,比如盯着一面白墙。注意你的呼吸,吸气时在脑海中默念"吸",呼气时在脑海中默念"呼"。当发现自己走神时,无须焦虑、自责和担心,这是一个非常正常的现象,我们只要重新将注意力集中到呼吸上就好。坚持冥想练习,大脑中处理压力和冲动的区域会更加稳定,我们的专注力和觉察力也都会有所提高。

第二个方法,延迟满足。

延迟满足是指愿意为了未来更有价值的结果,暂时放弃眼前短暂的利益。关于延迟满足,有一个非常著名的实验。美国斯坦福大学心理学教授沃尔特·米歇尔找来数十名儿童,让他们每个人单独待在一个只有一张桌子和一把椅子的小房间里,桌子上的托盘里有这些儿童很喜欢吃的棉花糖。研究人员给了孩子两种选择:一种是马上吃掉棉花糖,另一种是等研究人员回来时再吃,还可以再得到一颗棉花糖作为奖励。研究人员观察到,有的孩子为了不去看那诱惑人的棉花糖而捂住眼睛或是背转身体,有的孩子开始做一些小动作——踢桌子,还有一些孩子用自言自语或唱歌来转移注意力。结果显示,大多数孩子坚持不到三分钟就放弃了。大约有三分之一的孩子成功延迟了对棉花糖的欲望,在等待十五分钟,研究人员返回后,得到了两颗棉花糖的奖励。在对这些孩子的追踪调查中发现,当初那些能够抵御诱惑、坚持等待的孩子在青少年时期,仍能等待机遇而不急于求成,他们具有一种为了更大更远的目标而暂时牺牲眼前利益的能力,即自控力,他们在未来的事业中也更成功。而那些立刻就吃掉棉花糖的孩子,在青少年期间,则表现得比较固执、虚荣或优柔寡断,当欲望产生的时候,无法控制自己,一定要马上满足欲望。

延迟满足跟及时享乐相反。我认为延迟满足不仅能提升孩子的自控能力,还能使孩子珍惜现在拥有的东西。若想增强孩子延迟满足的能力,可以采取以下方法。

首先,家长对孩子想要的东西不要马上满足。

家长应教给孩子必要和想要的区别,如果是必要的东西,家长会尽快满足他;如果是想要的东西,家长可以不满足他,或者等到需要的时候再满足他,或者跟孩子说若他能再等两个月,则会给他买价值更高的东西。家长可以从小事开始做起,有意识地培养孩子延迟满足的能力。

其次,训练延迟满足时要循序渐进。

例如,对于孩子目前非常想要的东西,可以延迟几天、一星期或半个月再给他,不要一开始就过分地延迟满足。

再次,不要对等待中的孩子过分关注。

当孩子等待一件事情的时候,不要总是询问他现在的感受如何,是否着急等。

最后,增强孩子主动延迟的能力。

延迟分为主动延迟和被动延迟。有位家长曾抱怨:"我采用了延迟满足,可是孩子的自控力不但没有提高,反而还更差了。"经了解发现,对于孩子的需求,这位家长的态度是"你想要我偏不给",结果不仅没能提升孩子延迟满足的能力,还让孩子感受到了需求不能立刻满足的痛苦。心理学家米勒和蕾切尔在发表的论文中指出:当孩子觉得"自己在掌控着延迟的过程"(即他可以随时停止延迟),那么他主动延迟的时间会更长;相反,如果孩子发现"外人在控制延迟"(即自己是被动的),那么他的延迟时间会大幅缩短。也就是说,家长不要强迫孩子去延迟满足,要给予孩子主动权和选择权,对于是否延迟满足,让孩子自己去做决定。例如,孩子现在闹着要看电视,家长可以让孩子自己去选择,"现在看电视,等到下午再做作业,或者,现在把作业写完了,下午一起去游乐场玩。"

第三个方法,合理分配自控力心理资源。

想象你有一个心理资源存储库,里面有坚毅、活力、希望、愉悦、勇气、创造力等心理资源,但这些资源是有限的。我们怎样才能储存更多的心理资源,避免把心理资源消耗在不重要的事情上呢?

首先,采取远离法,避免自控力的过度消耗。

以我自己的经历为例,我的手机上没有短视频软件和游戏软件,因为我知道自己一旦下载了,就容易沉迷进去。这些软件能轻而易举地调控自控力资源,使注意力都集中在视频和游戏上。其实很多人都有这样的体验:在玩游戏或刷视频时很享受、很愉悦,但在连续玩乐几个小时后,身心是非常疲惫的,因为它们一直在消耗自己的自控力。所以,远离这些能过度消耗自控力的东西很重要。

其次,制订合理的计划,减少自控力的消耗。

我们可以把每天要做的事情列在一张清单上,判断出事情的优先级,先去做那些重要的事情,避免把有限的自控力都消耗在那些不重要的事情上。

最后,及时休整,为身心储能。

充足的睡眠对个体非常重要。教育部印发的《关于进一步加强中小学生睡眠管理工作的通知》中,明确要求了中小学生的睡眠时间,小学生每天的睡眠时间应达到10小时,初中生应达到9小时,高中生应达到8小时。睡眠时间不足,很容易导致情绪低落、状态不佳。因此,在忙碌一天之后,要及

时休息,调节身体的状态,储存能量。

第四个方法,提高心率变异度。

心率变异度被称为自控力的生理指标。简单来讲,就是某一刻你的心率是多少,下一刻你的心率是多少,两个心率之间的差值就是心率变异度。在遇到刺激的情况下,不管意志力是高是低,人都会心率加速,只不过意志力高的人,心率能够迅速恢复,保持在一个较低或正常的水平;而自制力差的人,心率会一直保持在较高的水平。例如,人在感到压力时,心率会升高,在心率达到某一数值后,有些人能很快地将心率降下来恢复正常,而有些人的心率会被迫保持在较高的水平上。前者心率变异度高,自控力较好;后者心率变异度低,自控力较差。一些研究也发现,心率变异度高的人能更好地集中注意力,避免及时行乐的想法,更好地应对压力。

提高心率变异度的方法如下:首先,慢呼吸。将呼吸频率降低到每分钟4~6次,这会激活前额皮质(也就是大脑当中负责自控力的区域),提高心率变异度,有助于将身心从压力状态调整到自控力状态。其次,运动锻炼。跑步是磨炼心率的一个很好的方法。再次,睡觉。良好的睡眠有助于增强身体的意志力储备。最后,放松。发呆、玩耍、娱乐并不一定能让你放松下来。放松时应达到这样一种状态：心率和呼吸速度会放缓，血压会降低，肌肉会放松。我们可以坚持练习冥想，放松自己的身心。

第五个方法，监测多巴胺。

多巴胺是一种能带来能量和动力的神经递质，会参与动机与奖赏的调控，同时还跟愉悦和满足感有关。2001年，斯坦福大学神经科学家布莱恩·克努森发表了一份实验报告，证明多巴胺使人们期待得到奖励，但不能感觉到获得奖励时的快乐。在实验中，克努森让参与者在看到屏幕上的某个符号时按一个按钮，然后就可以获得奖励。随后发现，只要这个符号一出现，参与者的大脑中就会释放多巴胺。但当参与者真正获得了奖励的时候，大脑里的"奖励区域"反而安静了下来。多巴胺控制的是行动，而不是快乐。换句话说，大脑并不是让你直接感到快乐，而是给你对快乐的承诺。

很多神经科学家给多巴胺释放产生的效应起了很多名字，包括寻觅、渴望、欲望和期待。举个例子，我们在休闲时会刷短视频，可是我们刷到的很多视频并不是我们期待或喜欢的，为什么依旧乐此不疲地在短视频上花费了太多时间呢？原因很简单，这些视频会刺激大脑分泌多巴胺，多巴胺时时刻刻提醒我们：下一个视频就是我们喜欢的/期待的。大脑错把奖励的承诺当作快乐的保证，所以，我们会从不可能带来满足的事物中寻找满足感。

我们要做多巴胺的小侦探，从而提升抵御诱惑的能力。例如，当我们很想买一件东西的时候，首先要觉察自己想买的原因，是什么刺激大脑分泌了多巴胺。假如此时正在逛商城，可以想一想是否是商城的灯光、镜子或其他环境刺激了大脑。然后我们需要承认确实有买这件东西的想法，但并非非买不可。接下来我们可以先远离产生刺激的地方，冷静几天之后如果仍然想买，那就把它买下来。

第六个方法，养成良好的习惯。

习惯就是一种稳定、带有自动化的、长期的行为方式。养成习惯之后再去做一些事，就会觉得一切都自然而然，不需要花费太多精力，也就相当于节省了很多的自我控制资源。例如，一个人刚开始学会开车的时候，会小心翼翼地查看路况，精神高度紧张，需要调控自控力和专注力。而当一个人的开车技术非常熟练之后，他开车时的转方向盘、踩刹车、查看后视镜等动作都是潜意识的，并没有消耗太多自我控制资源。

如何养成良好的习惯呢？首先，设定小而具体的目标。其次，制定具体的行动计划表。再次，努力排除外界的干扰。例如，孩子学习的书桌要干净整洁，不要摆放玩具、漫画书、零食等与学习无关的物品。在孩子学习时，家长不要在旁边看电视、玩手机，这些都会影响到他。然后，找到行动的支持者。在养成习惯的过程中，可以找另一个人一起坚持。最后，设定视觉化的奖励形式。例如，在开始培养习惯时，可以设定坚持一定的天数之后就给予一个奖励。

行为改变五阶段

行为的改变不是一个独立的事件，而是由一连串事件（各阶段事件）组成的连续过程。一个行为发生改变一般需要五个阶段，前三个阶段都是思想的萌动和意识的转变，从第四阶段开始，行为才发生真正的变化。

第一阶段，前沉思阶段。

在此阶段，个体尚未意识到自己的行为需要改变或否认问题的存在，也意识不到不良行为所带来的危害，这个阶段可能会持续很长时间。当孩子处于此阶段时，家长想让孩子设定目标、制订计划是非常困难的，因为孩子不觉得自己需要改变。例如,家长想让孩子减少玩手机的时间,但孩子并不认为玩手机会对他造成不良影响,玩手机对孩子来说是一件开心的事情。

家长需要做的是提供信息,提高孩子的认识。可以跟孩子聊一聊沉迷手机的危害,比如会导致视力下降、会影响睡眠、导致免疫功能减弱、导致情绪不稳定等。当孩子能真正意识到某个行为确实会对自已产生不良影响时,他才有可能做出改变。

第二阶段,沉思阶段。

在此阶段,个体已经意识到了行为存在的问题,以及问题的严重性,同时也能明白改变行为带来的益处,但是改变并非一件容易的事。例如,在最近几次考试中,孩子的学习成绩下降了,孩子意识到玩手机确实对自已产生了一些负面影响,开始思考要不要减少玩手机的时间,不断地衡量玩手机与不玩手机的利与弊,内心很矛盾,既想降低手机带来的负面影响,又舍不得玩手机时愉悦的感受。虽然个体在这一阶段还未做出改变,但也不容轻视,因为从毫无意识到意识到要改变是一个非常大的进步。在很多情况下,改变态度和想法其实比改变行为要难得多。

需要注意的是,个体在这一阶段会遇到很大的困难和阻碍。大家可以想一想,一个人在什么时候最想改变呢?一定是在他感受到了某种行为带来的严重危害的时候。例如,孩子在拿到惨不忍睹的成绩单时,奋起读书的意愿最强烈。由于想要改变的意愿过于强烈,孩子立刻就要付诸行动,但这也很容易衍生出一个问题——期待过高,孩子期待自己的行为能很快发生改变。例如,孩子可能希望通过一个月的努力,学习成绩就能迅速提升。但这种可能性往往是极低的,当孩子发现最后的结果没有达到他的期望时,他的意志力会迅速瓦解掉,进而选择放弃。因此,孩子必须要了解改变到底有多困难。例如,让孩子试着体验一下每天只玩一个小时的手机对他有什么影响。刚开始,减少娱乐时间和增加学习时间可能会使孩子的心情不那么愉快,也可能会使孩子感到有一点疲劳,这些都是正常现象。我们就是要让孩子充分认识到改变的困难,体会到改变过程中产生的不适感,让孩子意识到改变是一个漫长的过程。

接下来,需要继续提高孩子的认识,激发孩子的内在动机。形成内在动机能够推动孩子从有意向做出改变到真正开始行动。我们可以通过让孩子填写"我想要____,因为___"的句式来帮孩子寻找内在动机。例如,"我想要学习,因为学

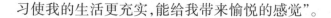

习使我的生活更充实,能给我带来愉悦的感觉"。

第三阶段,准备改变阶段。

在此阶段,个体开始计划、准备改变自己的行为,一些间断性的行为变化已经出现(如偶尔做到某段时间不玩手机),但持续性的变化尚未出现(如坚持一段时间不玩手机)。孩子的新行为持续的时间短是一个非常正常的现象,家长要对其多鼓励和支持,如果家长总是批评和指责孩子,则会打击孩子继续坚持的信心。

在准备阶段,制订一个好的计划很关键。针对孩子沉迷手机的现象,一开始就让孩子不玩手机显然是不可能的。我们可以制订一个行为逐渐改变的计划,以一个月为例,前十天每天玩手机的时间减少一个小时,接下来的十天每天玩手机的时间减少两个小时,最后十天每天只玩一个小时的手机。

不仅如此,家长还要给孩子提供环境上的支持。我们试想一个场景:父母躺在沙发上,拿着手机、打着游戏、聊着天、刷着视频,然后时不时头也不抬地训孩子:"一天到晚就知道玩手机、打游戏、看视频,不好好读书,像你这样以后能干什么?"大家觉得孩子会说什么?孩子说:"以后想跟你一样,躺在沙发上玩手机、打游戏、看视频。"也就是说,要想让孩子认真学习,减少玩手机的时间,那么家长也同样要做到。在孩子学习时,家长尽量保持安静,不要去做打扰孩子的事情。

第四阶段,行动阶段。

在此阶段,个体投入时间和精力来改变自己的行为,已经出现了持续性的行为变化(持续时间不超过六个月)。例如,孩子在新的学期中能做到每天只玩一个小时的手机。家长要继续给予孩子鼓励和支持,对孩子良好的行为表现及时给予一些积极的反馈,不断强化孩子的行为。

第五阶段,保持阶段。

到了这个阶段,个体保持新出现的行为达六个月以上,并对保持新行为有较高的信心。对个体来说,新行为已经成为惯常,但还需要个体有意识地保持新的节奏和规律,降低复发的风险。家长需要做的是在孩子的改变受到阻碍的时候为孩子提供相应的建议和支持。

学习中的自我调节

自主学习要求学习者对为什么学习、能否学习、学习什么、如何学习等问题有自觉的意识和反应,它突出表现在学习者对学习的自我调节上。自我调节也称自我监控,是指在实践活动过程中进行目标设置、方法选择,并自我检查、评估、反馈和修正的过程。若放到学习活动上,就是对自己的学习进行积极自觉的计划,自我监视、检查、评估、反馈、控制和调节的过程。培养孩子的自我调节学习能力,是促进自觉、主动、有效学习的根本前提和基本保证。

自我调节(自我监控)学习过程可以划分为以下八个环节。

第一个环节:计划性。

计划性是指在学习前对学习活动的计划安排和要求。在学习之前,要明确学习的内容是什么、本次学习应达到何种程度、时间安排如何等。

第二个环节:准备性。

准备性是指在学习之前应做好各种准备工作,比如准备好学习用品、调整好心理和生理状态、创设良好的学习环境等。

计划性和准备性是学生具体学习开始之前自我调节能力的具体表现。

第三个环节:意识性。

意识性是指在学习活动过程中,不仅要清楚学的是什么,还要明白为什么要学。

第四个环节:策略性。

策略性是指在学习过程中,应运用正确的学习策略,选择并采用适合的学习方法,重视学习效率和效果。

第五个环节:执行性。

执行性是指在学习过程中,学生应控制自己,严格要求自己,克服各种干扰,不畏学习过程中的困难和挫折,保证学习任务和学习进度的完成。

意识性、策略性、执行性是学生在学习活动进行过程中自我调节能力的具体表现。

第六个环节:反馈性。

反馈性是指在学习过程及学习活动后,学生应对自己的学习状况和学习进展、学习策略和方法的选择及效果、学习的经验等几方面内容,进行及时且经常性的检查、反馈和评估。

第七个环节:补救性。

补救性是指在学习过程及学习活动后,学生应根据自我反馈的信息及时且经常对自己的学习进展、计划、策略和执行等方面进行调整和补救,不断改善和提高学习效果。

在第六个环节中,我们会对学习的各方面进行评估,以便发现不合适和不恰当的地方,找到问题所在,评估之后就要进行调整。根据不同方面的问题,及时修正、调整认知活动。例如,如果学习目标太高导致孩子很难完成任务,那么就要把大目标分解成一个个具体的小目标,逐步完成。如果学习计划制订得太密集导致孩子没有足够的精力去完成学习任务,那么就适当地增加一些休息和娱乐时间。如果孩子在行动过程中专注力不足,可以采取第9章中讲述的方法去训练注意力,提高自控力。

第八个环节:总结性。

总结性是指在学习过程及学习活动后,学生应及时且经常思考自己的学习进展,总结自己学习的经验和教训,及时解决学习中的各种障碍,不断提炼和完善学习策略。

反馈性、补救性、总结性则是学生在学习活动完成之后自我调节能力的具体表现。

那么,如何进行自我调节呢?

第一,打钩法。正如每日任务清单中提到的,学习者每完成一项任务后,便在清单上相应的地方打钩,代表"已完成"。

第二,每日总结记录。在每一天结束之前,总结记录今日任务的完成情况,若有任务没有完成,则把遇到的阻碍记录下来,下一次进行调整。

第三,测试。例如,学习者可以通过默写的方式来检测英语单词的背诵情况。

有研究表明,在中学生,尤其是高中生的学习中,自我调节对学习成绩的影响非常显著,这是因为高年级学生的学习活动复杂,常常需要学生对其学习活动进行较多的自主投入与自我调节才能顺利完成。而对于较低年级的学生来说,学习自我调节在学习活动中的作用不大,这是因为低年级学生的自我调节水平总体来说较低,他们的学习更多地受到外在因素的影响。因此,除了自我调节,即自控外,学习者也需要他控。顾名思义,他控就是让别人来监控自己。他控不是批评和指责,也不是监视和管教,他控的重要作用是提醒。家长可以在亲子关系良好的基础上,通过和孩子语言交流来支持孩子的自控发展。家长要有足够的耐心,不断提示孩子思考"过去一周进展怎么样""获得了哪些成功或失败的经验""下一步我要做出哪些改变"等。

父母课堂

1.训练注意力的3种方法:①舒尔特方格训练法。②慢呼吸法。③番茄钟工作法。

2.容易陷入的9种思维陷阱:①黑白思维。②过度概括。③预言。④读心术。⑤灾难化思维。⑥"如果"思维。⑦心理过滤。⑧低估自己。⑨包含"应该"的表述。

3.应对拖延的5个步骤:①识别焦虑/被曲解/消极的想法。②标记想法中被曲解的部分。③理性反驳。④尝试面对。⑤提高技能。

4.提升自控力的6种方法:①增强自我意识。②延迟满足。③合理分配自控力心理资源。④提高心率变异度。⑤监测多巴胺。⑥养成良好的习惯。

5.行为改变的5个阶段:①前沉思阶段。②沉思阶段。③准备改变阶段。④行动阶段。⑤保持阶段。

6.自我调节的8个环节:①计划性。②准备性。③意识性。④策略性。⑤执行性。⑥反馈性。⑦补救性。⑧总结性。

7.自我调节的3个方法:①打钩法。②每日总结记录。③测试。

第 12 章

庆祝成功

成功很重要, 复制成功的关键更重要。

孩子表现不好时, 一般会被批评和指责, 但在孩子进步的时候, 却很少被庆祝。加州大学心理学教授雪莉·盖博的研究表明, 好事发生时能否获得支持回应在关系中起着非常重要的作用。她将人们对他人发生好事时的回应分成四种: 主动建设性回应、被动建设性回应、主动破坏性回应、被动破坏性回应, 如表 12-1 所示。

表 12-1 四种回应类型

回应类型	主动的	被动的
建设性的	热情的支持 眼神接触 真诚的态度 "太棒了! 我就知道你行, 给我讲讲你是怎么做到的?"	没什么精神 反应迟缓 不上心地鼓励一下 "噢, 挺好的。"

回应类型	主动的	被动的
破坏性的	表示质疑 拒绝接受 贬低事情的价值 "我觉得这不值得你这么高兴,说不定压力更大。"	转移话题 忽略这件事 忽略说话的人 "噢,对了,我下载了一个新的游戏,特别好玩。"

接下来,我通过一个亲子间的互动来具体讲述四种回应类型。

场景:孩子回到家,非常高兴地跟妈妈分享:"妈妈,我的数学成绩这次在班级内进步了五名。"

主动破坏性的妈妈回应:"就进步了五名,值得你这么高兴吗? 你看看邻居家的孩子,每次都考第一名。"在这种回应中,尽管妈妈主动回应了孩子的话语,但是回应里包含了消极的信息,忽视了孩子的感受,给孩子泼了一盆冷水。

被动破坏性的妈妈回应:"你今天作业写完了吗?"在这种回应中,妈妈不关心孩子的感受,直接转移话题,让孩子感到不被在乎和关心。

被动建设性的妈妈一边忙着手头上的事情,连头也不抬地回应:"噢,挺好的。"尽管这位妈妈回应了孩子,且回应中也没有批评和指责,但回应比较冷淡,依然停留在敷衍、不够积极的层面。

主动建设性的妈妈回应:"哇,这真是太棒了!快来告诉妈妈你是怎么做到的。"在这种回应中,妈妈先传达了自己的喜悦之情,表达了对孩子的赞美,这是孩子想要的反馈,然后妈妈提出问题,引导孩子深入交流。

由此可见,主动的建设性回应向人传递着两种信息:第一,我认可你这件事的重要性,认可你与这件事的关系,认可你的付出;第二,我看到了这件事对你的意义,对此我做出一些回馈和反应,从而展现出我与你的积极关系。被动的或破坏性的回应向人传递着这样的信息:第一,你提到的那件事是没有什么意义的,无论是现在还是将来;第二,我不知道哪些东西对你而言是重要的;第三,我并不关心你的情绪、想法和生活。

如何主动建设性地去回应孩子的成功呢?

首先,恰当地倾听。

不同年龄阶段的孩子表达能力不同,低年级孩子有时不能清晰地表达自己的想法,表达的话语也不够完整;中年级孩子的表达开始变得丰富和完整,但条理性仍然较差;高年级孩子的表达比较有条理,逻辑较清晰,内容丰富且完整。家长要有耐心地、认真地听孩子把话讲完,切勿只听了一部分,就自以为明白了孩子的意思,贸然打断孩子的话。这只会让孩子感到不被尊重,逐渐失去和家长交流的欲望。在倾听时,家长要重点关注孩子想要表达的内容和情感,准确理解孩子的感受。

其次,表达积极的身体语言。

身体语言是指非词语性的身体符号,包括目光与面部表情、身体运动与触摸、姿势与外貌、身体间的空间距离等。例如,我们在回应过程中要保持目光接触,时不时地点点头,表现出对孩子要说的内容很感兴趣、很投入。在合适的场合微笑或欢呼,来表达我们因孩子的成功而产生的积极情绪。

最后,给予热情的评论,提出建设性的问题。

当孩子分享他的成功时,我们要给予热情的回应,表达赞美的情感,并且要让对方感受到我们看到了他的付出,比如"这听上去真棒""你一定很开心""你的付出绝对值得"等。然后提出一些建设性的问题,用认真的态度、关心的话语和真诚的询问引导孩子谈论更多的细节。比如"你是如何做到的""你是怎么规划的""我看到你的作品得到了许多老师的认可,你有什么感受"。孩子回答这些问题的过程也是他整理思路和感受的过程,这样他就有可能自己总结出成功的经验。接下来,我们还可以跟孩子提出这件事的积极含义和潜在好处的设想。比如"我敢肯定只要你继续这样做,下次你的成绩能进步更多"。我们可以先去跟朋友做主动建设性的回应,每周练习一次,每次五分钟。在不断练习中提升沟通的流畅度,然后将其应用到与孩子的交流中。

父母课堂

庆祝成功的方法:①恰当地倾听。②表达积极的身体语言。③给予热情的评论,提出建设性的问题。

参考文献

[1]凯利·麦格尼格尔.自控力[M].王岑卉,译.北京:文化发展出版社,2017.

[2]米哈里·契克森米哈赖.心流[M].张定绮,译.北京:中信出版社,2017.

[3]李小鹏.学习改变命运[M].北京:新世界出版社,2006.

[4]新教育学习研究机构.高效学习方法全集:初中版[M].武汉:湖北教育出版社,2012.

[5]陆震谷.学习方法决定学习成绩[M].上海:上海文化出版社,2018.

[6]尹文刚.神奇的大脑:大脑潜能开发手册[M].北京:世界图书出版公司,2012.

[7]李柘远.学习高手[M].北京:北京联合出版有限公司,2020.

[8]爱德华·L.德西.内在动机:自主掌控人生的力量[M].北京:机械工业出版社,2020.

[9]刘善循.学习环节优化的策略[M].北京:北京理工大学出版社,2011.